must have item : fabric bags with D.I.Y

탐나는 패브릭 가방

차근차근 따라하는 핸드메이드 패션소품

Preface

머리말

한 땀 한 땀 홈질부터 배우기 시작한 바느질이 점점 재미있어지고 발전하여 재봉틀까지 자유롭게 사용할 수 있게 되면 한두 가지 생활소품을 스스로 만들다가 좀 더 특별한 자신만의 바느질공예 작품에 대한 창작 욕구가 생깁니다.

이 책은 재봉틀 사용법을 알고 있는 독자가 여러 가지 원단과 부자재를 이용하여 실용적인 패션소품과 좀 더 특별한 가방을 직접 만들 수 있도록 설명하고 있습니다.

간단한 스트링 파우치부터 지퍼가 달린 단면파우치, 단면 에코백, 양면 에코백, 럭셔리한 토트백, 쇼 퍼백 등 난이도에 따라 11가지 패션소품과 패브릭 가방을 선보이며, 놓치기 쉬운 포인트와 다른 원 단과 부자재를 사용한 응용작품도 소개하고 있습니다.

가방 도안그리기부터 마지막 손바느질 마감처리까지 자세한 제작과정 사진과 설명으로 구성되어 있 으므로, 차근차근 따라서 만들어보면 어느새 바느질 실력이 향상되어 보다 다양한 응용작품을 만 들 수 있게 될 것입니다.

이 책을 통하여 여러 독자들이 자신만의 독특한 바느질공예작품을 창작할 수 있는 능력이 배양되기를 기원합니다.

끝으로 여러모로 도움을 준 남궁은선, 김지현, 도서출판 밥북 관계자 여러분께 깊이 감사드립니다.

2015년 2월
이지원

목차

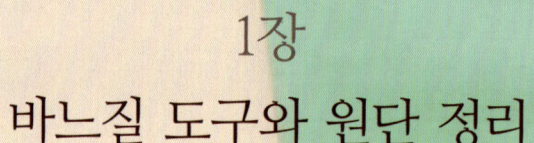

1장
바느질 도구와 원단 정리

재봉틀

직선박기 기능을 위한 공업용 재봉틀은 데스크와 함께 구성되어 있으므로 가정용 재봉틀보다 작업구역을 더 필요로 하며, 작업 중 소음이 발생할 수 있다.
발로 제어하는 페달을 이용하여 작업하므로, 페달을 이용한 봉제속도 조절능력을 위한 많은 연습이 필수사항이지만 숙련이 된다면 가정용 재봉틀보다 작업의 능률성이 우수하다.

1 공업용 재봉틀

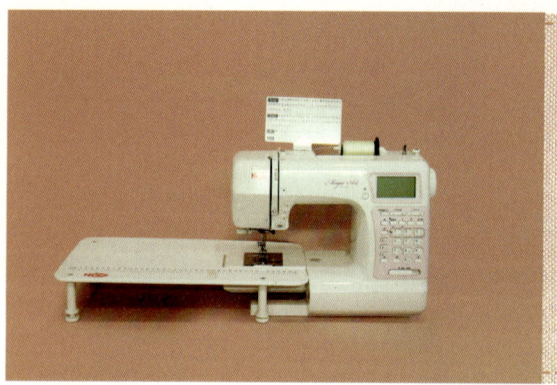

공업용 재봉틀보다 작업 중 소음이 덜 발생하며, 간단한 버튼 조작으로 시작과 되돌아박기를 할 수 있다. 부피가 작아 휴대와 이동이 편리하며, 작업속도도 조절가능하다.
두꺼운 직물을 겹쳐서 박을 때 노루발이 흔들리거나 바늘이 부러질 수 있으나 이 책에서 소개되는 소품과 가방은 충분히 작업이 가능하다.
직선박기를 기본으로 지그재그박기와 오버록 박기, 자수 등 여러 가지 기능이 있는 가정용 재봉틀이 시판되고 있다.

2 가정용 재봉틀

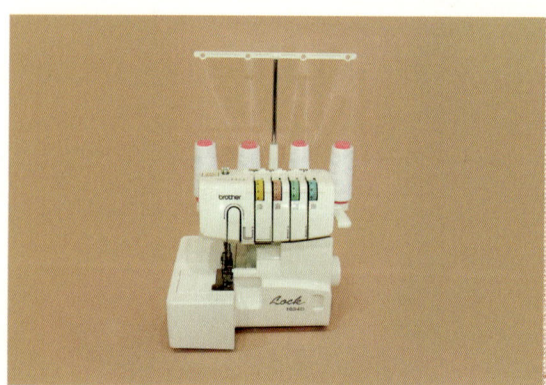

시접부분의 올풀림 현상을 방지하기 위하여 오버록을 한다. 시접이 잘리면서 감침질이 되기 때문에 깔끔하게 시접을 처리할 수 있다. 오버록이 되는 땀수와 너비를 조절 할 수 있다.

3 오버록 재봉틀

다림질 도구

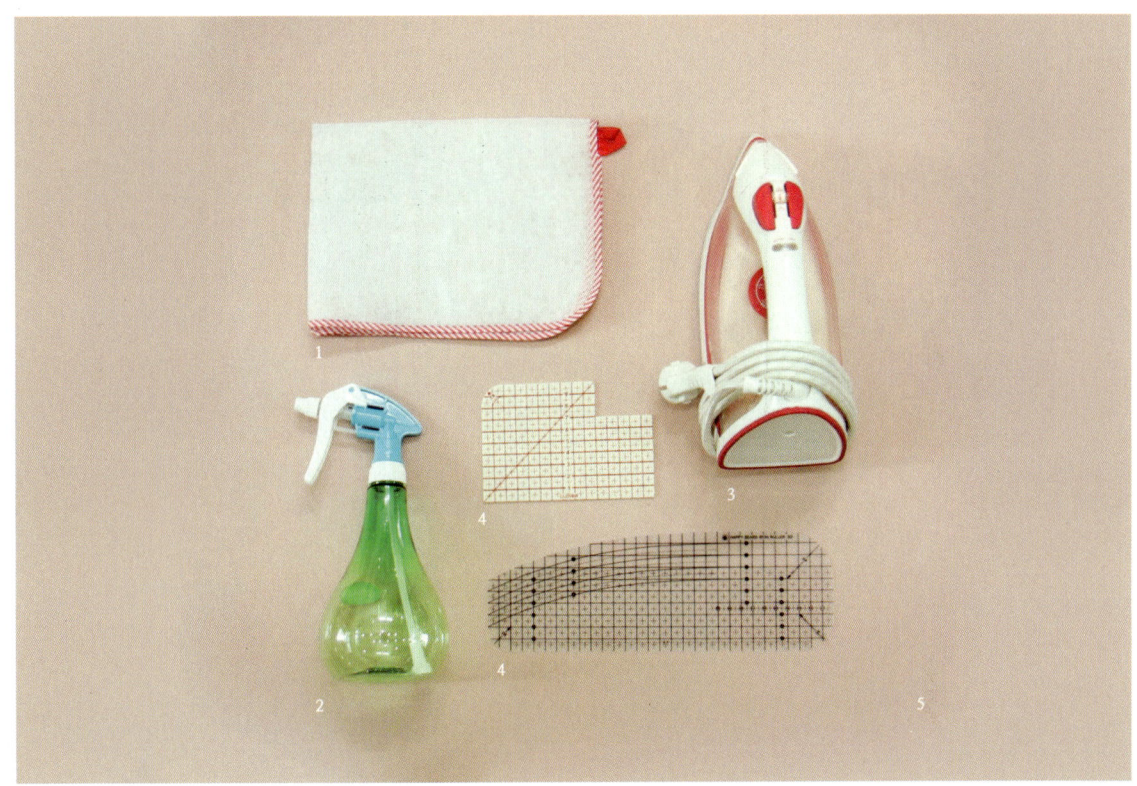

1 다림질 전용 덧천	실크, 합성섬유 등 낮은 온도에서 다려야 하는 직물 위에 덮고 다리면 지나친 광택이나 녹아내림을 방지할 수 있다. 다림질 전용 덧천이 없으면 광목을 사용한다.
2 분무기	원단을 정리하거나 작업 중 수분을 주기 위하여 사용한다.
3 다리미	가정용 다리미는 스팀기능이 있는 것이 편리하다.
4 아이론 시접자	일정한 간격으로 시접을 접어 다릴 수 있는 다림질 전용 자이다. 고온에도 변형이 없는 플라스틱과 부직포로 된 것 등이 있다. 아이론 시접자가 없으면 하드보드지에 눈금을 그려서 사용한다.
5 다리미판	다리미판은 고온에 강한 면직물로 깨끗하게 감싸서 사용한다.

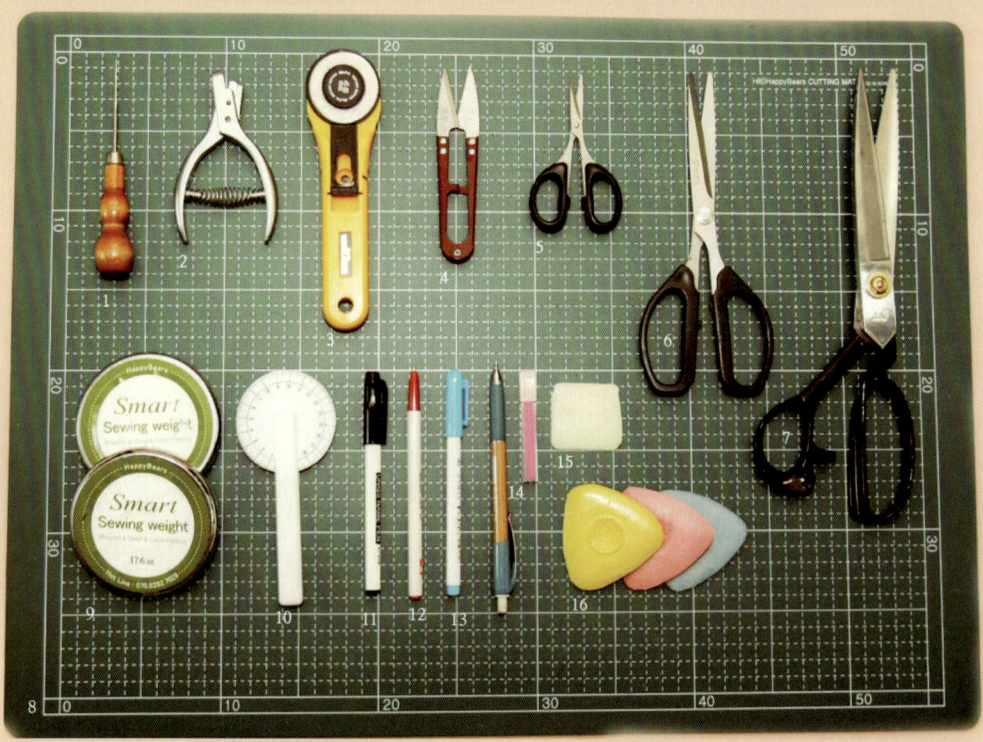

재단 도구

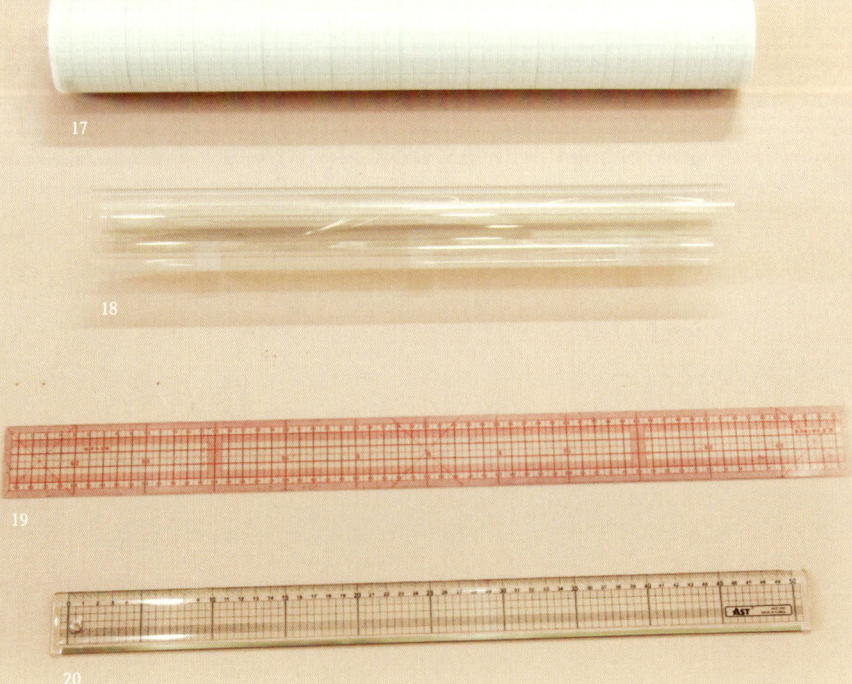

1 송곳 구멍을 뚫거나, 재봉틀로 바느질을 할 때 시접을 잡아주기 위한 용도로 사용한다.

2 너치 도안에 너치 표시를 할 때 사용한다.

3 원형커터 재단가위 대신 원단을 재단할 때 사용되며, 여러 장을 한꺼번에 자를 수 있기 때문에 직선재단을 효율적으로 할 수 있다. 커팅매트와 함께 사용한다.

4 쪽가위 실을 자를 때 쓰는 작은 손가위.

5 시접가위 시접을 자르거나 실을 자를 때 쓰는 작은 손가위.

6 종이가위 도안을 자르거나 가방밑판을 자를 때 쓰는 일반 가위.

7 재단가위 원단을 자를 때만 쓰는 재단전용 가위. 떨어뜨리거나 원단 외에 종이나 플라스틱 등을 자르면 가윗날이 무뎌져서 원단을 정교하게 자를 수 없게 되므로 주의한다. 주기적으로 가윗날을 갈아서 사용한다.

8 커팅매트 원형커터를 사용할 때에 바닥에 깔아준다.

9 문진 작업 중 종이도안이나 원단이 움직이지 않도록 묵직하게 고정해주는 누름쇠이다.

10 원형 눈금자 가방도안 제작 시 곡선부분의 길이를 잴 때에 사용한다.

11 유성펜 도안을 그리거나 플라스틱 시트지에 옮겨 그릴 때 사용한다.

12 컬러펜 도안을 그릴 때 사용한다.

13 수성펜 원단 위에 완성선이나 재단선을 그릴 때 사용하며, 물을 묻혀서 휴지로 두드리거나 물세탁을 하면 지워진다.

14 펜쵸크와 펜쵸크심 원단 위에 완성선이나 재단선을 그릴 때 사용한다.

15 초쵸크 파라핀으로 만들어진 쵸크로, 원단 위에 완성선이나 재단선을 그릴 때 사용한다. 봉제를 하고, 다림질을 하면 초쵸크로 그린 선이 사라진다.

16 하드쵸크 분쵸크보다 단단한 쵸크로 원단 위에 완성선이나 재단선을 그릴 때 사용한다.

17 부직포 모눈 패턴지 부직포위에 1cm간격으로 격자패턴이 인쇄되어 있으므로 소품이나 가방의 도안을 보다 쉽게 그릴 수 있다. 종이에 그리는 도안보다 내구성이 좋다.

18 플라스틱 투명시트지(PET 0.25) 플라스틱 투명시트지 위에 유성펜으로 직접 도안을 그리거나, 부직포 패턴위에 도안을 그린 다음 투명시트지에 붙여서 오린 후 '자'처럼 사용하기도 한다.

19 그레이딩 자 도안을 그릴 때 사용한다. 원형눈금자가 없으면, 그레이딩자를 구부려서 곡선부분의 길이를 잴 수 있다.

20 커팅용 모눈자 한쪽에 금속으로 마감처리 된 모눈자는 원형커터를 이용하여 원단을 재단할 때 편리하다.

편리한 봉제도구

1 공업용 재봉틀 바늘 11호, 14호, 16호. 바늘의 숫자가 클수록 바늘이 두꺼워진다.

2 가정용 재봉틀 바늘 11호, 14호, 16호. 바늘의 숫자가 클록 바늘이 두꺼워진다.

3 공업용 노루발 / 4 가정용 노루발
각각의 용도에 맞추어 노루발을 바꿔 효율성을 높인다.

　3-1 공업용 노루발, 3-2 레자/가죽용 노루발,
　3-3 외노루발, 3-4 콘솔지퍼용 노루발

　4-1 가정용 노루발, 4-2 콘솔지퍼용 노루발,
　4-3 0.2cm전용 노루발, 4-4 0.5/1cm전용 노루발

5-1 공업용 북집 밑실을 감은 북알을 공업용 북집에 바르게 끼운 후 사용한다. 가정용 재봉틀은 북집이 필요 없는 기종이 많다.

5-2 공업용 북알 / 6 가정용 북알
사용하고 싶은 색상의 밑실을 감은 후, 북집에 넣고 사용한다. 가정용과 공업용을 잘 구분하여 사용해야 한다.

7 미니 드라이버 공업용 재봉틀 사용 시 바늘을 갈아 끼우거나, 여러 가지 용도로 드라이버를 사용하게 되는데, 길이가 짧은 드라이버가 편리하다.

8 시접가이드 직선박기를 할 때에 시접의 간격을 일정하게 고정시켜 준다.

9 투명 봉제사 잘 보이지 않는 상침용으로 사용하는 특수 봉제사이다.

10 밑실용 봉제사(날라리사) 밑실전용 특수 봉제사로 얇고 꼬임이 거의 없는 실이다.

11 장식용 코아사(Core Thread) 29수 3합의 코아사는 공업용 재봉틀과 가정용 재봉틀 모두 사용할 수 있는 상침과 장식용 봉제사이다. 코아사는 D.I.Y전용 봉제사로, 폴리에스테르 중심에 나일론이 혼용되어 일반 봉제사보다 견뢰도와 강도가 우수하다.

12 일반 본 봉제용 코아사 45수 2합의 코아사는 공업용 재봉틀과 가정용 재봉틀 모두 사용할 수 있는 일반 본 봉제용 봉제사이다. 모직 원단, 면직 원단, 신축성이 있는 원단, 다이마루 등 다양한 직물에 사용할 수 있다. 봉제사의 수가 작을수록 실이 두껍고, 합수가 많을수록 실이 짱짱하다.

13 손바느질용 바늘 다양한 크기의 바늘.

14 핀봉과 시침핀 시침핀은 원단에 구멍이 생기지 않도록 가늘고 긴 것이 좋다.

15 시침전용 초실 시침전용 실로 파라핀 코팅이 되어 있다.

16 시침실 완성선이나 시접선을 고정하기 위한 굵은 실.

17 쇠골무 쇠골무는 손가락 끝에 끼우는 형태와 반지형이 있다. 반지형은 오른손 세 번째 손가락에 딱 맞게 끼우고 바늘귀를 밀어줄 때 사용한다.

18 고무골무 고무골무를 끼고 손바느질을 하면 바늘이 쉽게 미끄러지지 않아 보다 효율적으로 작업할 수 있으며, 손가락도 보호된다.

19 가죽전용 손바늘 가죽을 뚫을 수 있을 정도로 바늘 끝이 매우 날카롭고 바늘의 강도가 높다. 이 책에서는 가죽 바이어스 마감 처리용으로 사용하였다.

20 가죽전용 봉제사 손바느질 전용 실로 손잡이를 달거나 가죽 바이어스마감처리용으로 쓰이는 6합사, 9합사이다.

21 쪽가위 실을 자를 때 쓰는 작은 손가위.

22 U자형 실뜯개 잘못 박힌 봉제선의 실밥을 뜯을 때 사용한다.

23 송곳 구멍을 뚫거나, 재봉틀로 바느질을 할 때 시접을 잡아주기 위한 용도로 사용한다.

24 '一'자형 실뜯개 잘못 박힌 봉제선의 실밥을 뜯을 때와 단추구멍 등을 뚫을 때 사용한다.

25 패브릭전용 접착제와 문구용 풀 시침핀을 꽂기 불편하거나 시침질을 할 수 없는 경우에 임시고정용으로 사용한다.

26 수용성 양면테이프 시침핀을 꽂기 불편하거나 시침질을 할 수 없는 경우에 임시고정용으로 사용한다. 주로 지퍼를 달기위하여 많이 쓰이며, 5mm, 8mm 등이 있다.

27 시접용 집게 시침핀을 꽂거나 시침질을 하면 자국이 남는 원단은 시접용 집게를 이용하여 임시고정을 하고 봉제한다.

원단과 기타 부자재

1 하드 심지 하드접착심지는 안쪽 면에 접착제가 붙어있어서 다림질을 하면 원단에 쉽게 부착이 된다. 하드심지의 두께에 따라 그 용도가 매우 다양하여 많은 종류의 심지가 시판되고 있다.

2 실크 심지 소프트심지, 소잉심지라 불리기도 한다. 안쪽 면에 접착제가 붙어있는 얇은 심지로 다양한 색상의 실크심지가 시판되고 있다.

3 접착 솜심지 솜심지의 안쪽 면에 접착제가 붙어있어서 다림질로 원단에 붙일 수 있다. 두께에 따라 여러 종류가 시판되고 있으며, 이 책에서는 4온스 접착 솜심지를 사용하였다.

4 솜고정용 접착테이프 접착 솜심지를 붙인 후 솜심지와 원단이 분리되는 것을 방지하기 위하여 테두리 시접부분에 솜고정용 접착테이프를 다리미로 붙여준다.

5 각종 원단들 면직물의 경우 숫자가 커질수록 얇고 부드러운 원단이다. 즉 20수 면직물보다 40수 면직물이 보다 얇다.

6 가방 밑판 플라스틱 가방 밑판을 원하는 사이즈로 오려서 사용하면 깔끔하고 편리하다. 가방 밑판이 없을 때에는 두꺼운 종이를 오려서 사용해도 된다.

1. 원단의 겉과 안 구분하기

확실하게 구분할 수 있는 경우:

대부분의 날염직물은 겉과 안의 구분이 확실하다.

구분할 수 없는 경우:

<u>1</u> 식서부분에 글자가 프린팅되어 있다면 바르게 읽을 수 있는 부분이 겉면이다.

구분할 수 없는 경우:

<u>2</u> 식서부분에 바늘이 꽂혀있던 자국이 있으면, 구멍의 자국을 보고 겉과 안을 구분 할 수 있다. 대부분의 원단은 바늘을 눌러서 뚫은 쪽이 겉면이고 오톨도톨하게 만져지는 구멍자국이 있는 부분이 안쪽 면이다. 그러나 수입 원단이나 일부 제품은 오톨도톨하게 만져지는 구멍자국이 겉면인 경우도 있으므로, 식서에 있는 구멍자국만으로 겉과 안을 단정할 수는 없다.

<u>3</u> 광택이 보다 우수한 쪽이 겉면이다.

<u>4</u> 니트 직물은 겉뜨기가 보이는 방향이 겉면이다.

2. 원단의 성질

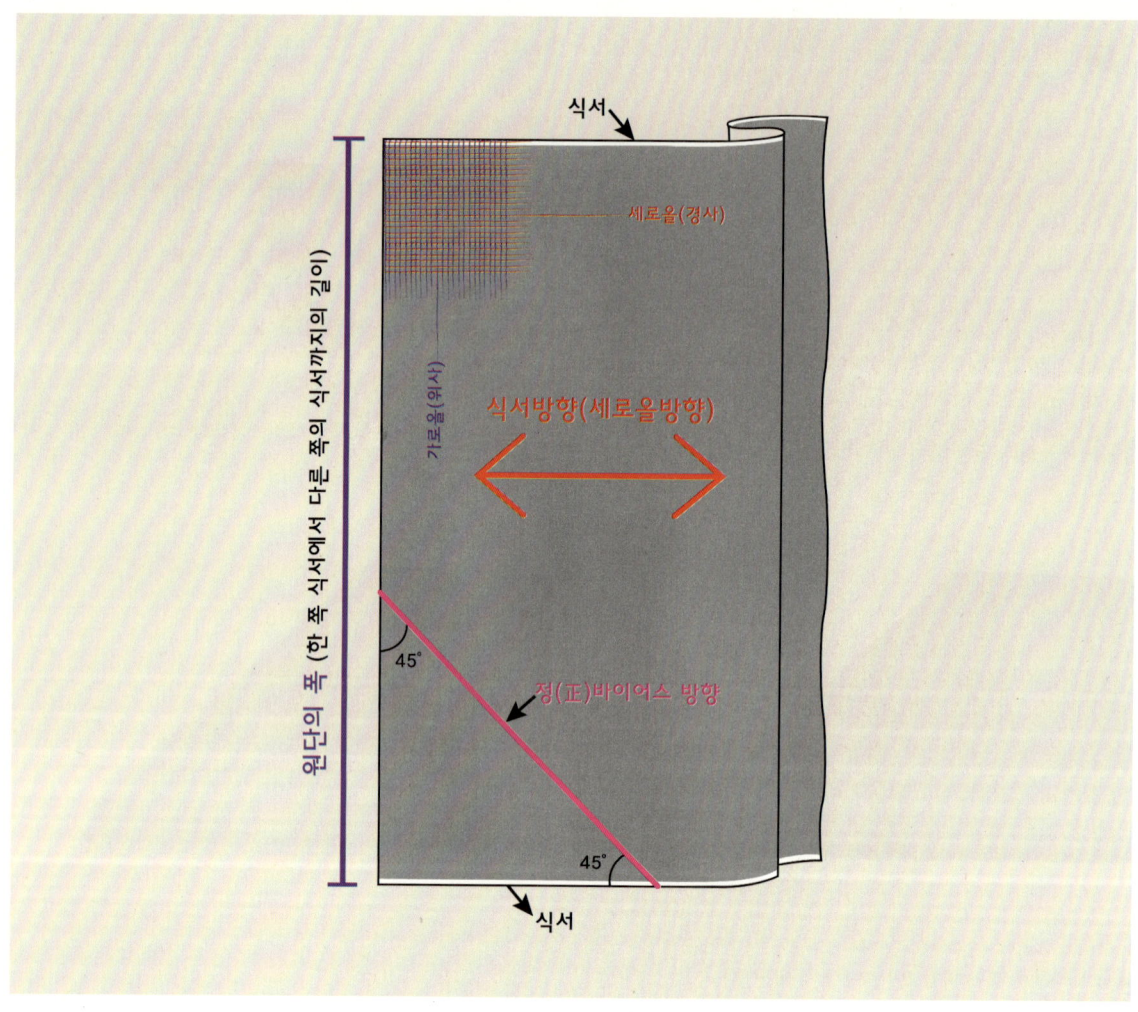

식서(飾緖, selvedge)

원단을 직조할 때에 생성되는 양쪽의 가장자리부분을 의미한다. 제직과 가공을 할 때 큰 힘을 받으므로 바탕보다 굵은 실이나 두 올로 쫀쫀하게 직조한다. 이러한 식서와 평행하는 방향을 식서방향, 세로올방향, 경사방향이라 하며, 이 방향으로는 잘 늘어나지 않는다. 그러나 재단이 끝난 원단 조각은 식서방향을 알기 어려우므로, 자르기 전에 반드시 식서방향을 표시해야 한다. 도안을 그릴 때에도 식서방향을 표시해야 한다.

직물을 이용하여 옷이나 소품, 가방을 만들 때에는 완성된 작품을 상상하며, 힘을 받게 되는 방향과 식서방향이 평행이 되도록 재단을 하여야만 완성품의 모양이 틀어지거나 꼬이지 않고 '태(態)'가 좋다. 특히 원단으로 손잡이를 만들 때나 바닥을 '골선'으로 제작하는 가방의 경우, 원단의 소요량이 다소 많아지게 되더라도 식서방향을 반드시 지켜야 한다.

세로올(경사(經絲), warp, 날실)	원단을 직조할 때에 먼저 걸려 있는 실, 즉 직물 길이방향의 실을 의미한다. '경사'는 직조기계에서 큰 장력을 받고 '북'의 왕래 시 마찰이 발생하므로 가로올(위사, 씨실)보다 꼬임이 많고, 실에 '풀'을 먹이기도 한다. 그러므로 경사방향으로는 잘 늘어나지 않는다. 경사방향, 식서방향, 세로올방향은 같은 의미의 말로, 재단을 할 때에는 식서방향을 맞추어 재단을 한다.
가로올(위사(緯絲), weft, 씨실)	세로로 경사가 걸려있는 직조기계 위에 '위사'가 직각으로 교차하면서 직조가 이루어지므로, 위사는 경사와 굵기가 같거나, 보다 굵은 실을 사용하고 보다 꼬임이 적다. 위사는 신축성이 있거나 장식사를 사용하기도 한다. 이러한 위사방향은 경사방향보다 잘 늘어나며 올이 쉽게 풀린다. 광목과 같은 얇은 평직물의 경우, 식서부분만 잘라낸 후 약간의 힘을 주어 찢으면 위사가 끊기면서 일직선으로 쉽게 찢어진다. 재단된 원단 조각의 식서방향을 쉽게 알 수 없는 경우에는 올이 보다 잘 풀리는 실이 위사이다.
원단의 폭(푸서)	한쪽 식서에서 다른 한쪽의 식서까지 길이를 원단의 폭이라고 한다. 그러므로 원단을 가로로 잘랐을 때 올이 풀리는 방향이 푸서방향이다. 원단의 폭은 45cm, 90cm, 110cm, 150cm 등 다양하므로 원단의 소요량을 계산할 때에는 반드시 원단의 폭을 먼저 확인해야 한다.
바이어스(bias) 방향	식서방향을 기준으로 45° 직선으로 비스듬하게 재단을 하여 '정(正)바이어스'를 만든다. 원단을 바이어스 방향으로 재단을 하여 사용하면 유연성이 좋아 잘 늘어나므로, 지퍼마감용이나 러플, 플라운스, 넥타이, 플레어스커트 등에 많이 응용되고 있다.

3. 올방향 정리

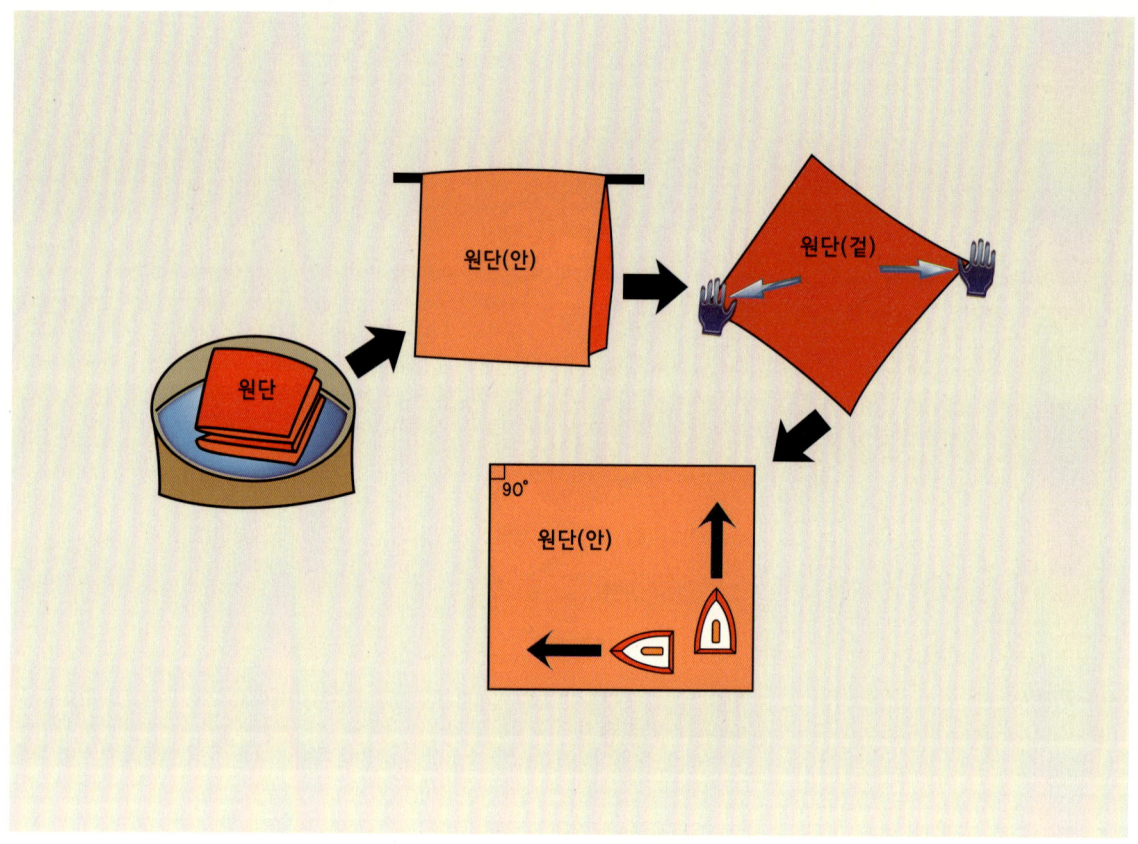

1 면(Cotton)이나 마(Linen)처럼 줄어들기 쉬운 원단은 접어서 물에 담아 1시간이상 둔다. 울(Wool)은
  분무기를 이용하여 수분을 충분히 준다.

2 가볍게 짜서 그늘에 살짝 말린다. 울은 비닐에 넣어 하루쯤 방치한다.

3 경사와 위사가 교차하는 올의 방향을 직각이 되도록 상,하,좌,우 방향을 손으로 잡아당겨서 원단을 정리한다.

4 올방향을 따라 원단의 안쪽에서 경사와 위사방향으로 다림질을 하면서 정리한다. 이러한 과정은 원단의 결이
  흐트러지거나 줄어드는 것을 방지한다. 올방향이 바르지 않은 경우와 '방축가공'이 되어 있지 않은 대부분의
  원단은 반드시 올방향을 정리해 주어야 한다.

4. 접착 심지 붙이기

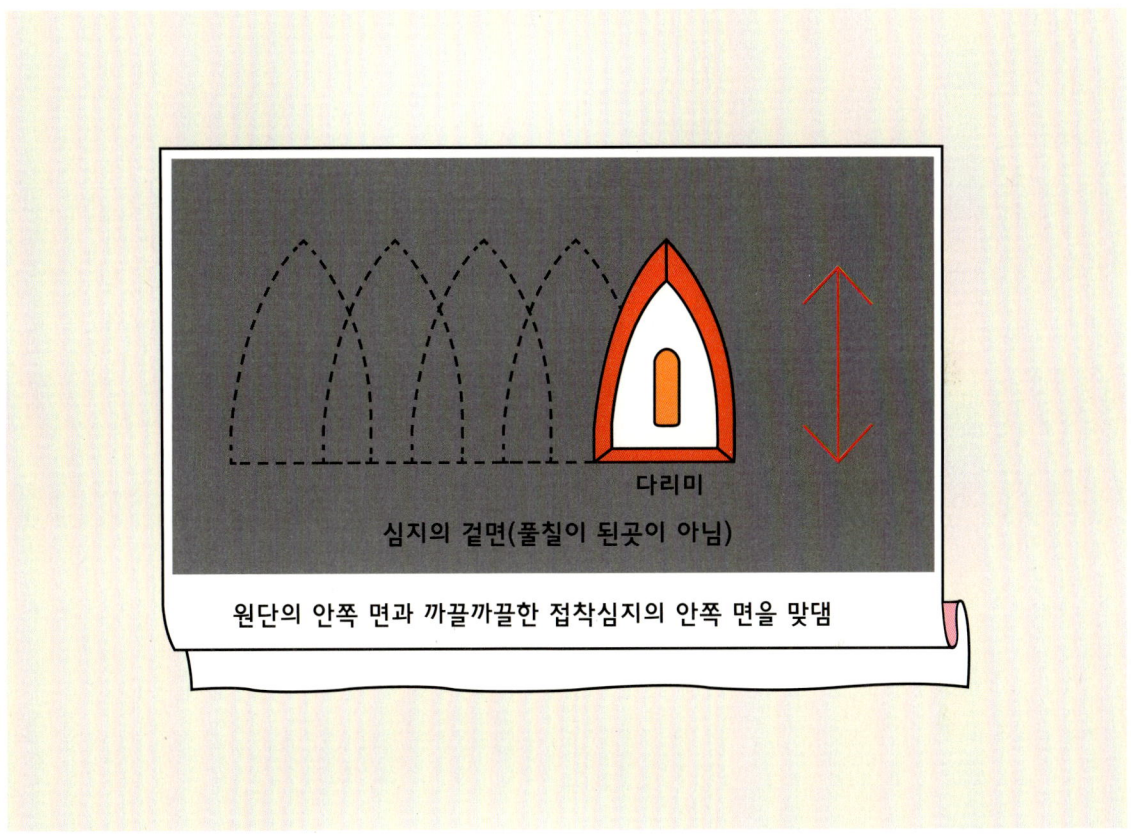

다리미

심지의 겉면(풀칠이 된곳이 아님)

원단의 안쪽 면과 까끌까끌한 접착심지의 안쪽 면을 맞댐

원단의 안쪽 면과 심지의 접착제가 붙은 면을 맞대고 가운데를 시작으로 빈틈없이 꾹꾹 눌러가면서 다린다.
다리미가 잠시 식을 때 까지 기다렸다가 옆으로 옮겨가면서 다린다.

심지를 붙이고자 하는 원단보다 심지의 크기가 크면 접착제가 들러붙어서 다리미 바닥이 오염되므로,
심지를 원단의 크기보다 작게 재단하거나 가위로 심지를 잘라가면서 다린다. 만약 다리미의 바닥이 접착제로 오
염이 되었다면, 다리미를 고온으로 하여 스팀을 주면서 다른 원단에 대고 여러 번 문질러서 접착제를
제거한 후에 사용한다.

접착심지에도 식서방향이 있으므로 원단의 식서방향과 맞추어 사용하는 것이 바람직하다.

자주 쓰는 바느질 용어

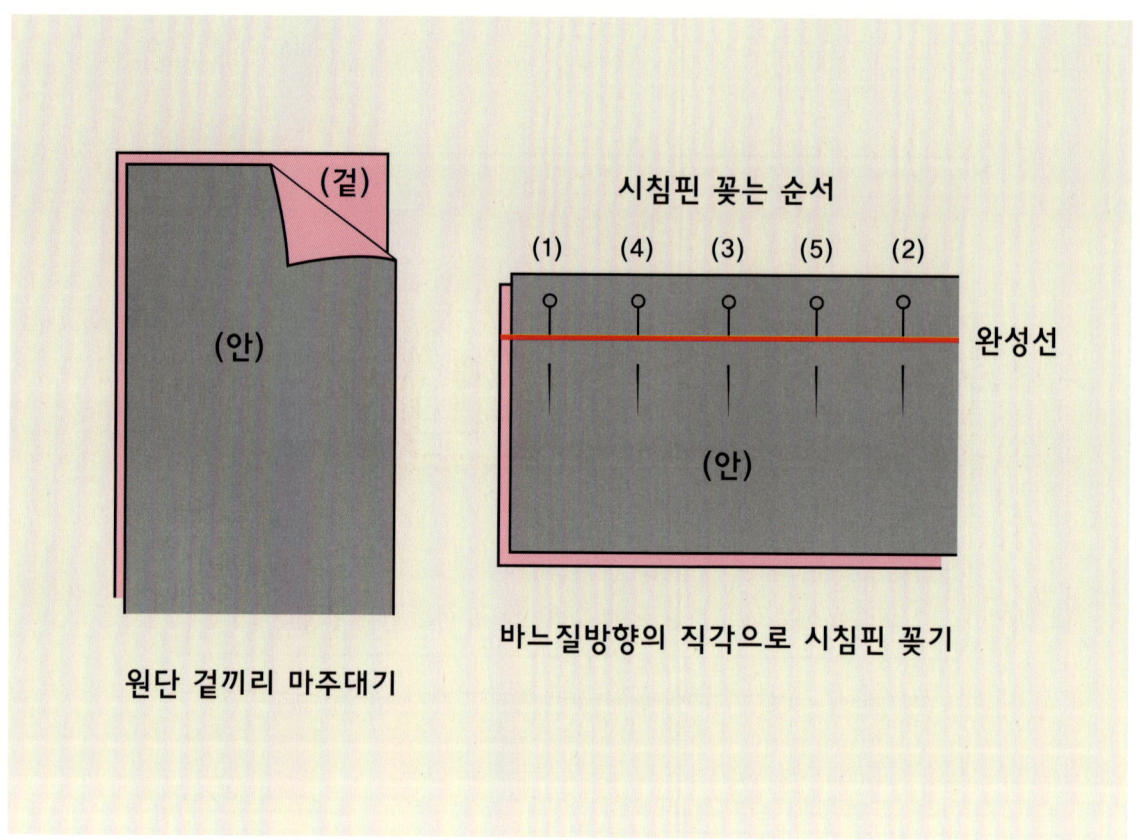

원단 겉끼리 마주대기

시침핀 꽂는 순서

(1) (4) (3) (5) (2)

완성선

(안)

바느질방향의 직각으로 시침핀 꽂기

---

1 원단 겉끼리 마주대기

원단의 겉면과 겉면을 맞대는 방법으로, 겉끼리 마주대고 시접을 박으면 완성된 겉모양이 깔끔하다.

2 시침핀 꽂기

바느질 할 완성선에 맞추어 시침핀을 꽂는다. 이 때 바느질 할 방향과 직각이 되게 꽂아야만 노루발이 쉽게 지나가므로, 봉제 시 시침핀을 빼지 않고 작업할 수 있다. 만약 바느질 방향으로 꽂으면 손가락이 찔리기 쉽고, 봉제 작업 시 바늘이 부러질 수도 있다. 시침핀은 작업 할 시작부분과 끝부분에 먼저 꽂은 다음, 가운데 부분에 꽂고 나머지 부분에 그림과 같은 순서대로 꽂는다.

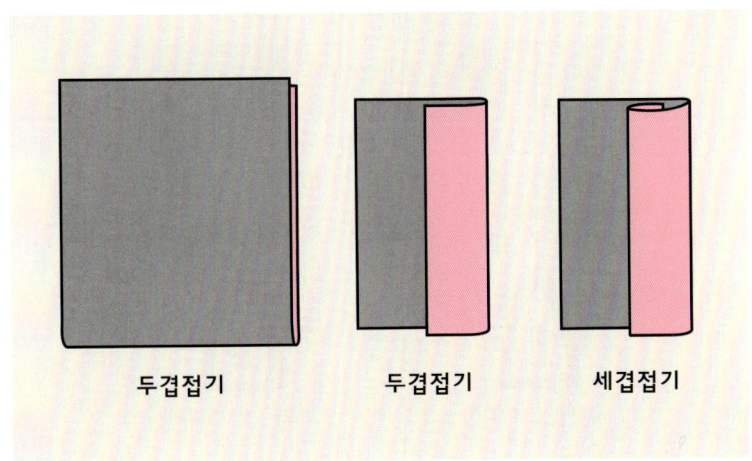

두겹접기　　　　두겹접기　　　　세겹접기

3 두겹접기　　이 골선으로 재단하기 위하여 원단의 겉끼리 맞대고 중심선을 반으로 접는 방법과 시접을 일정한 간격으로 접어서 다리는 방법을 말한다. 접혀지는 시접부분을 일정하게 표현하기 위한 아이롱자를 사용하면 편리하다. 일반적인 속주머니의 시접처리 방법으로 쓰이며, 바이어스방향으로 재단된 원단을 지퍼마감용으로 사용할 때에도 이용된다.

4 세겹접기　　일정한 간격으로 접어서 다린 후, 한 번 더 접어서 다린다. 주로 가방의 입구나 바이어스 테이프를 사용하지 않는 주머니의 입구처리 방법으로 많이 사용된다.

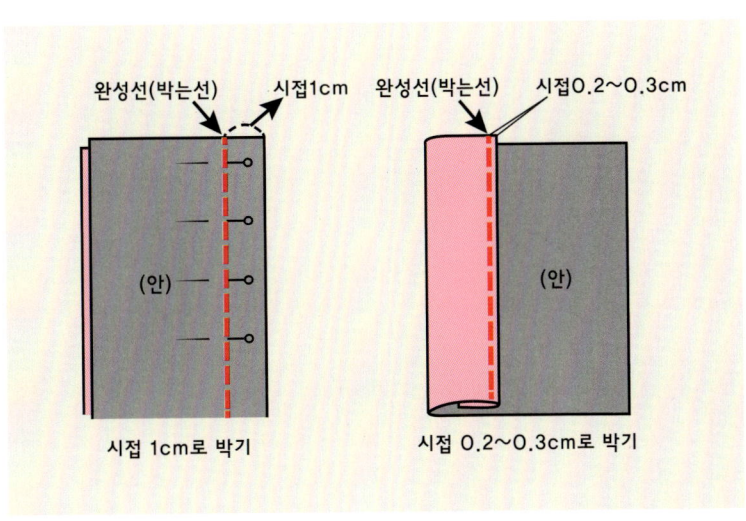

완성선(박는선)　　　시접1cm　　완성선(박는선)　　시접0.2~0.3cm

(안)　　　　　　　　　　　　　　(안)

시접 1cm로 박기　　　　　　시접 0.2~0.3cm로 박기

5 시접1cm로 박기　　이 책에서 소개하는 가방의 시접은 대부분 1cm이므로, 도안을 정확하게 그리고 바르게 재단을 했다면 재단된 시접선만 보고도 쉽게 봉제할 수 있을 것이다.

6 0.2~0.3cm로 상침하기　　완성선과 최대한 가까이 붙여서 겉면에서 눌러 박는 봉제방법이다. 바느질 된 땀이 겉에서 보이는 봉제방법이므로 깔끔하게 표현할 수 있도록 한다.

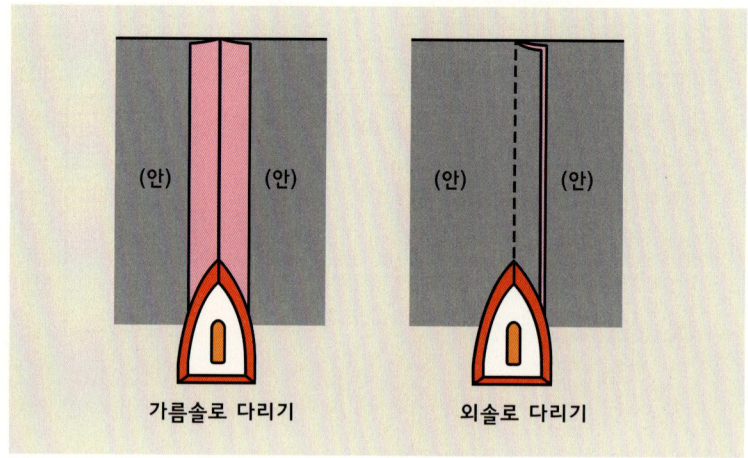

가름솔로 다리기   외솔로 다리기

7 가름솔로 다리기

겉끼리 마주대고 박은 원단의 시접부분을 양쪽으로 가르고 완성선에 맞추어 다린다. 만약 심지를 붙여서 시접부분이 잘 안 벌어진다면 시접 두 장을 한 방향으로 먼저 꺾어 다린 후(외솔), 다시 가름솔로 다린다.

8 외솔로 다리기

겉끼리 마주대고 박은 원단의 시접부분을 한 방향으로 꺾어서 다린다.

도안시트 만들기

준비물
: 플라스틱 투명시트지(PET 0.25), 부직포 모눈패턴지, 스프레이접착제, 일반가위.

1 부직포 모눈패턴지를 이용하여 원하는 사이즈의 완성선을 그린 후, 시접의 분량을 고려하여 재단선을 그린다.

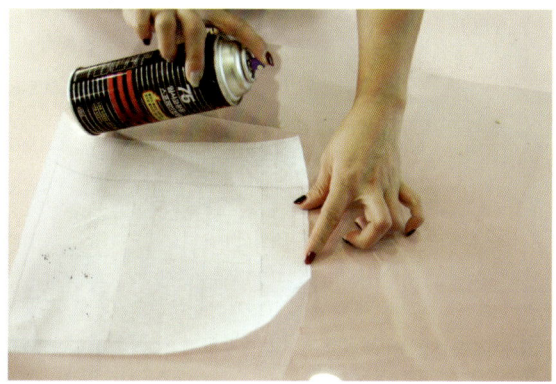

2 패턴지를 가재단 한 후, 접착용 스프레이를 나선형으로 고르게 분사하여 플라스틱 투명시트지 위에 기포가 생기지 않게 붙인다.

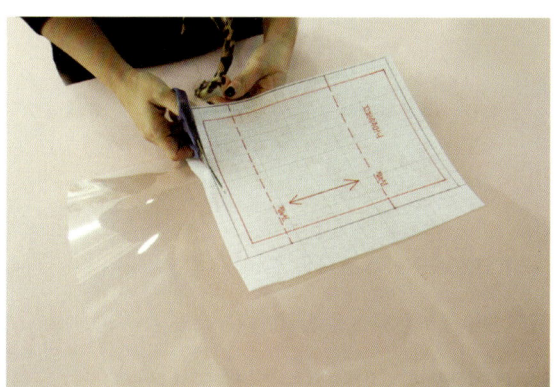

3 재단선을 따라 일반가위로 오린다.

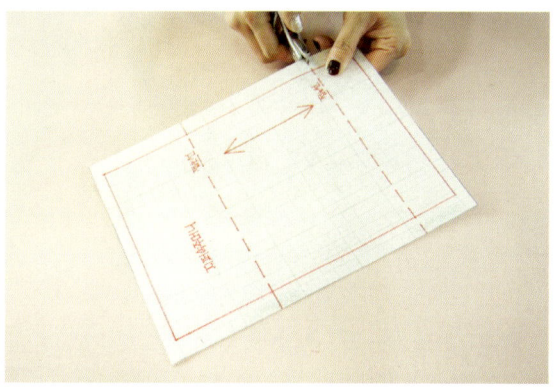

4 너치를 이용하여 중심선, 접는선, 지퍼마감선 등을 표시를 한 후 사용한다.

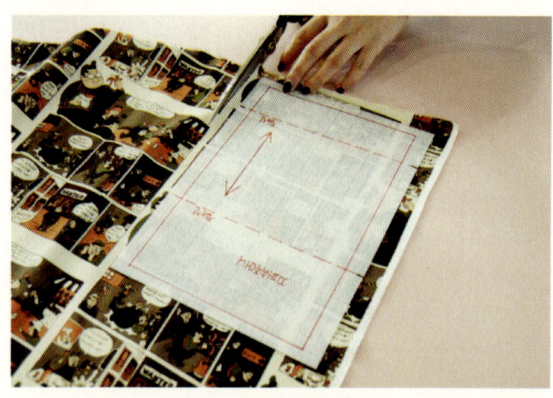

5 플라스틱 시트지에 붙인 도안은 부직포 도안보다 빳빳하고 내구성이 좋아 원단을 가재단할 때 사용하기 편리하다.

6 본 재단을 할 때에는 반드시 금속으로 마감처리 된 커팅용 자를 덧대고 원형커터를 사용한다.

top tip

플라스틱 시트지에 붙인 도안을 원단 위에 놓고 원형커터로 재단을 하면, 도안이 함께 잘려 나가기 때문에 사이즈가 부정확해지고, 원형 커터의 날도 무뎌지기 때문에 더 이상 원단을 정교하게 자를 수가 없게 된 답니다.

2장
스트링파우치

2.
Easy String Pouch

재료

1 겉감 (세로 48cm× 가로 30cm), 1장
2 실크심지(겉감과 같은 사이즈), 1장
3 스트링 90cm(1마)
4 나무구슬(13mm)1쌍
5 장식용 라벨(선택사항)

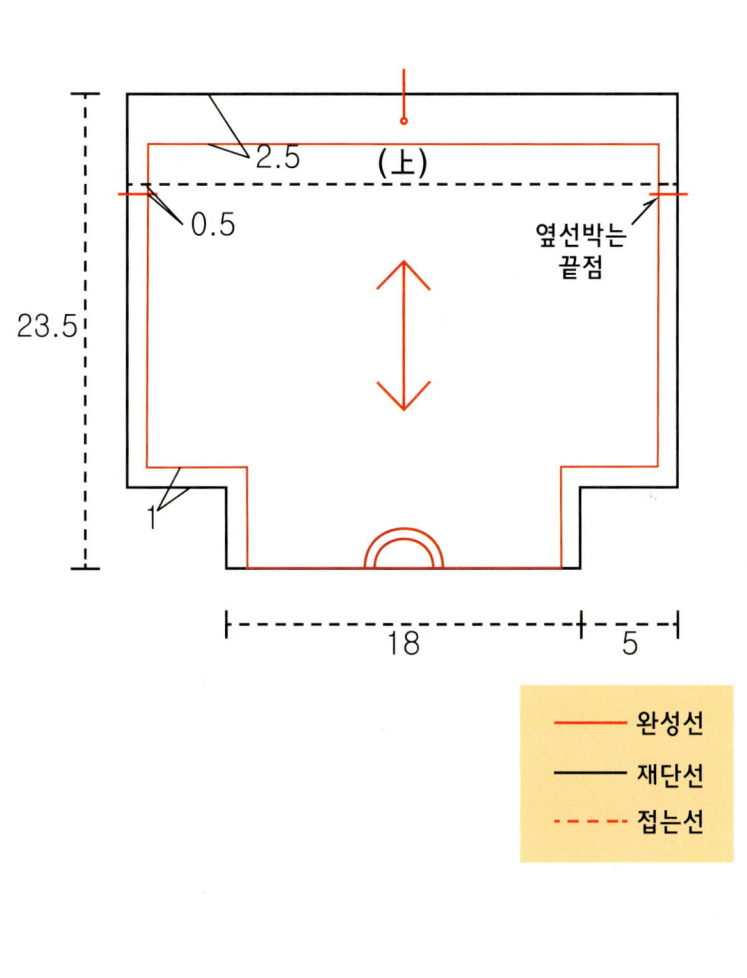

2.5

(上)

0.5

23.5

옆선박는
끝점

1

18 5

——	완성선
——	재단선
- - - -	접는선

스트링파우치 도안

원단소요량

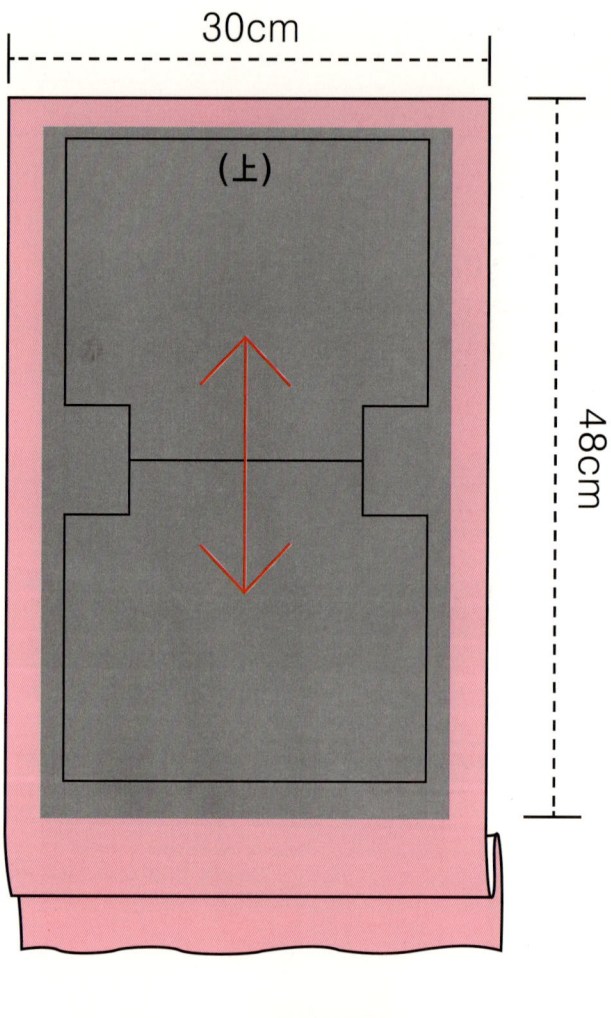

30cm

(上)

48cm

겉감 심지

1 도안그리기

01
모눈 패턴지를 이용하여 원하는 사이즈의 도안을
그린다.

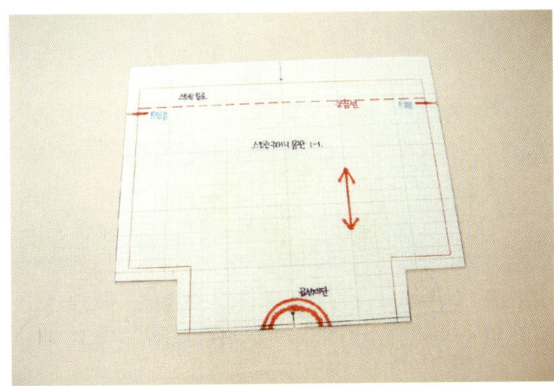

02
파우치의 바닥부분은 골선(접어서 재단)이므로
시접이 없다.

2 겉감 재단

01

'가재단'된 겉감(약48cm×30cm)의 안쪽 면에 실크심지를 붙인다.

top tip

실크심지는 소프트심지, 소잉심지로 혼용되어 불리며, 반짝거리는 풀이 붙어있는 면을 겉감의 안쪽과 마주대고 스팀다리미를 이용하여 붙입니다. 이때 심지의 크기가 겉감보다 지나치게 크면 다리미 바닥에 풀이 들러붙어서 다리미와 겉감이 오염될 수 있으니 다리기 전에 심지를 잘라가면서 붙여주세요. <접착심지 붙이기 참조 P.21>.

02

실크심지를 붙인 겉감을 반으로 접어서 접은 선과 도안의 중심선을 맞추고, 완성된 도안을 대고 재단선을 그린다.

03

재단선을 자른다.

top tip

겉감과 실크심지를 각각 재단 한 후 붙이게 되면, 심지가 얇고 다리면서 잘 늘어나기 때문에 두 장을 정확하게 맞추어 붙이기가 힘들어요. 반드시 겉감과 실크심지를 '가재단'한 후에 실크심지를 붙이고 '본재단'을 하세요.

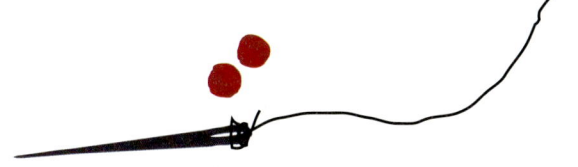

04

기호에 따라 원하는 위치에 라벨을 달아준다.

05

주머니의 입구부분과 옆선의 시접부분을
오버록한다.

3 옆선, 바닥 모서리 박기

01

걸끼리 마주대고 반으로 접어서 옆선을 도안에 표시된 트임의 끝점까지 박는다.

02

박은 옆선의 솔기를 '가름솔'로 다린다. 이때 박지 않은 옆선의 시접부분도 손으로 눌러가면서 잘 다린다.

03

옆선의 중심과 바닥의 중심을 맞추어 시접 1cm로 박는다.

04

바닥부분의 시접도 오버록한다.

05

다른 한쪽의 바닥 모서리도 같은 방법으로 시접 1cm로 박은 후, 솔기는 오버록한다.

4 스트링 통로 박기

01

파우치의 입구부분을 안쪽으로 2.5cm 접어 다린다.

02

입구에서 2cm 내려간 선을 박아 스트링 통로를 만든다.

5 스트링 끼우기

01

파우치를 잘 다린 후, 45cm 스트링 2줄과 장식용 나무구슬 2알을 준비한다.

02

스트링을 끼우기 위한 전용 바늘이나 옷핀을 이용하여 스트링 통로에 스트링을 끼워 넣는다.

03

처음에 끼워 넣은 스트링으로 한 바퀴를 돌렸으면, 남은 스트링은 사진과 같이, 반대방향으로 끼워 넣어 한 바퀴를 돌린다.

04

한 방향으로 나온 2줄의 스트링 끝에 장식용 나무 구슬을 끼우고, 빠져나오지 않도록 두 번 묶는다.

05

가볍고 실용적인 스트링 파우치가 완성되었다.

완성컷

응용작

3장
베이직 지퍼필통

3.
Basic Zippered Pencil-Case

재료

1 겉감 (세로38cm × 가로30cm), 2장
2 하드심지 (겉감과 같은 사이즈), 2장
3 지퍼마감 4cm x 8cm (바이어스 방향 재단), 2장
4 지퍼고리 (바이어스 테이프) 6cm x 1cm
5 지퍼 20cm

26

14

11.5

(上)

9.5

24

1

2.5

2.5

2.5

1

2.5

21

——	완성선
——	재단선

베이직 지퍼필통 도안

원단소요량

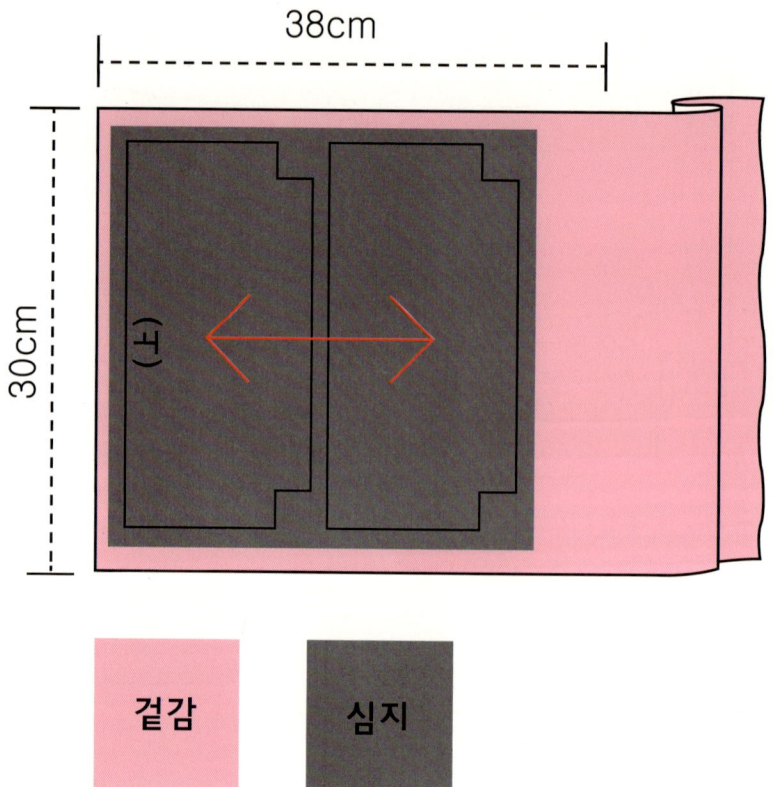

38cm

30cm

(교)

겉감   심지

1 도안그리기

01

도안을 그린다.

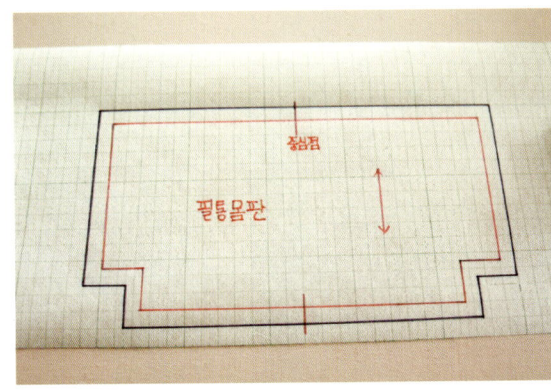

중심점

필통몸판

02

원하는 크기의 완성선보다 1cm 크게 시접의 분량
을 그린 후 오려서 사용한다.

2 재단하기

01

가재단 된 겉감과 하드심지의 안끼리 마주대고 스팀을 주어 눌러 다린다.

02

하드심지를 붙인 면에 도안을 대고 그린다.

03

재단선에 맞추어 본재단을 한다.

3 지퍼 마감하기

01

바이어스 방향으로 재단된 지퍼마감용 원단을 반으로 접어 다린 후(두겹접기), 다시 반으로 접어서 다린다. 같은 방법으로 2개를 준비한다.

02

지퍼를 끝까지 끼워 넣은 후, 패브릭전용풀로 임시 고정한다.

03

시접0.2cm로 박은 후, 지퍼의 크기에 맞추어 자른다.

04

지퍼의 다른 쪽도 같은 방법으로 마감처리 한다.

05

재단된 겉감2장과 마감처리 된 지퍼.

06

준비된 겉감2장의 시접부분을 오버록한다.

4 지퍼 달기

01

지퍼가 달릴 필통의 입구부분을 시접1cm로 접어서 다린다.

02

수용성양면접착테이프로 지퍼의 시접부분 위에 임시 고정한다.

03

시접0.2cm로 상침한다.

04

다른 한 쪽도 같은 방법으로 지퍼 위에 임시고정한 후 시접0.2cm로 상침한다. 이때 지퍼마감 끝부분이 옆선의 완성선 같아야 한다.

5 옆선과 바닥박기

01

준비된 바이어스 테이프를 지퍼고리용으로 활용하기 위하여 반으로 접어서 시접0.2cm로 상침한다.

02

지퍼고리를 만든 후, 옆선의 시접부분에 임시고정한다.

03

몸판과 지퍼, 옆면에 지퍼고리가 연결된 모습.

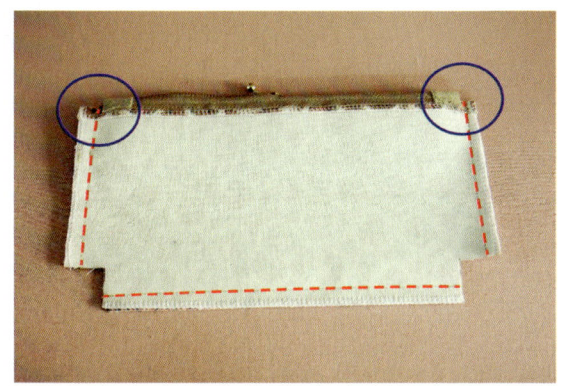

04

겉끼리 마주대고 지퍼를 중심으로 접은 후, 옆선과 바닥부분을 시접1cm로 '되돌아박기'를 하면서 박는다.

top tip
옆선을 박을 때 지퍼마감 끝선에 맞추어서 박아야 뒤집었을 때 예뻐요.

05

바닥의 모서리부분은 사진과 같이 중심선을 맞추어 시접이 엇갈리도록 한 후, 시접1cm로 박는다.

06

'되돌아박기'를 하면서 튼튼하게 박는다.

07

바닥부분의 시접을 오버록한다.

6 뒤집기

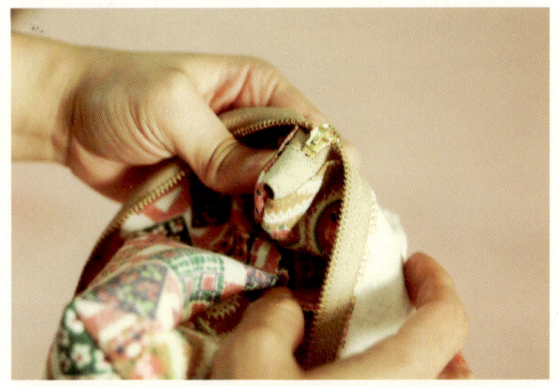

01

지퍼마감부분이 잘 나오도록 뒤집는다.

02

완성된 모습.

완성컷

응용작

4장
심플 에코백

4.
Simple Eco-Bag

재료

1 겉감 (세로 약96cm x 가로 약35cm), 1장
2 실크심지 (겉감과 같은 사이즈), 1장
3 손잡이 1쌍
4 장식용 라벨(선택사항)

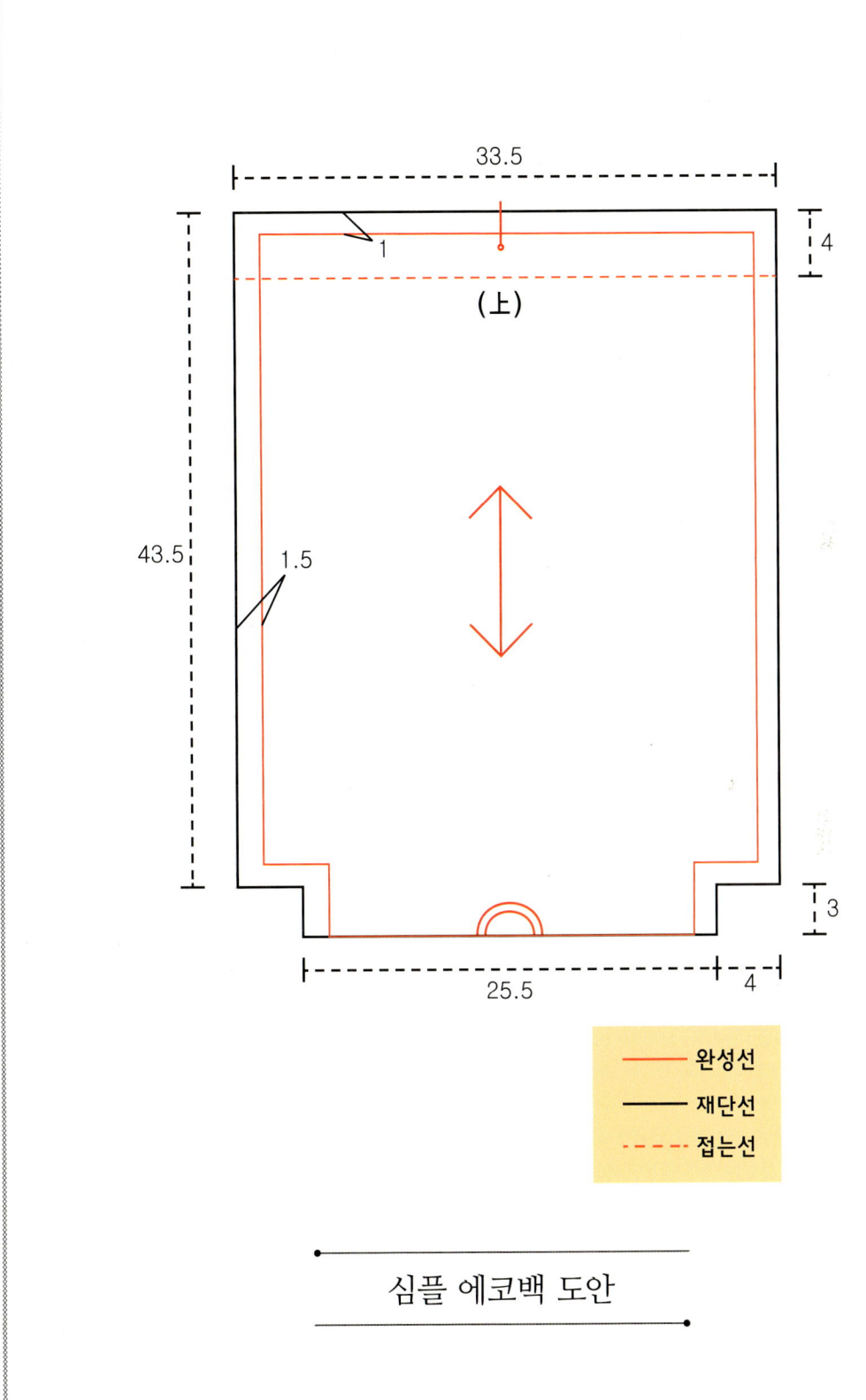

33.5

4

1

(上)

43.5

1.5

25.5

4

3

	완성선
	재단선
	접는선

심플 에코백 도안

원단소요량

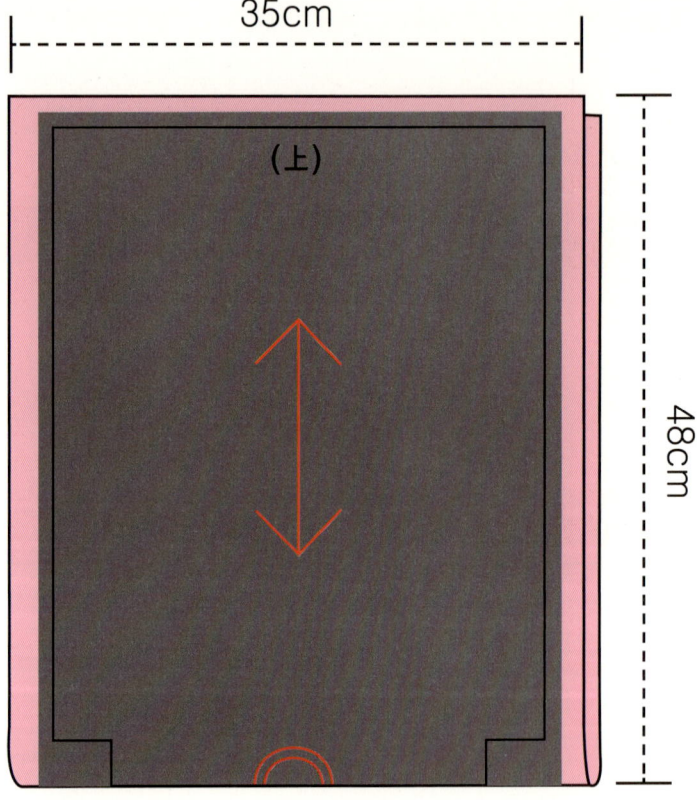

35cm

(上)

48cm

겉감   심지

1 도안그리기

01

식서방향에 맞게 가재단된 겉감과 실크심지를
안끼리 마주대고 붙인다.

02

가방바닥을 중심으로 반으로 접은 후(두겹접기),
직사각형이 되도록 재단한다.

top tip

이 책에서는 도안을 그리지 않고 바로 재단을
했습니다. 식서방향과 골선을 고려하여 직
사각형이 되도록 재단을 할 수 있다면, 다양
한 크기의 에코백을 보다 쉽게 만들 수 있어요.

03

가방바닥의 모서리 부분을 자른다.
가로4cm, 세로3cm

04

가방바닥의 양쪽 모서리를 자른 모습.

05

가방의 앞면 중앙에 장식용 라벨을 시접0.2cm로
상침한다(선택사항).

2 가방 입구 다리기

01

가방의 입구부분을 시접1cm로 접어 다린다.

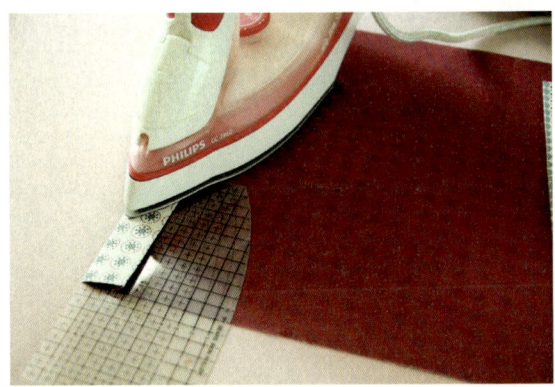

02

3cm간격으로 한 번 더 접어 다린다(세겹접기).

03

다른 쪽의 입구부분도 같은 방법(세겹접기)으로 다린다.

top tip

이 책에서는 면 끈 손잡이를 시접에 끼워 재봉틀로 박는 방법과 입구부분을 먼저 박은 다음 손바느질로 가죽 손잡이를 다는 방법, 두 가지를 설명하고 있어요.
준비한 손잡이의 형태에 따라 3-A형, 또는 3-B형의 설명을 보시면 됩니다.

3 손잡이 달기
– A형 (면 손잡이)

01

약 45cm 길이의 면 끈(너비:3cm) 손잡이 1쌍을 준
비한다.

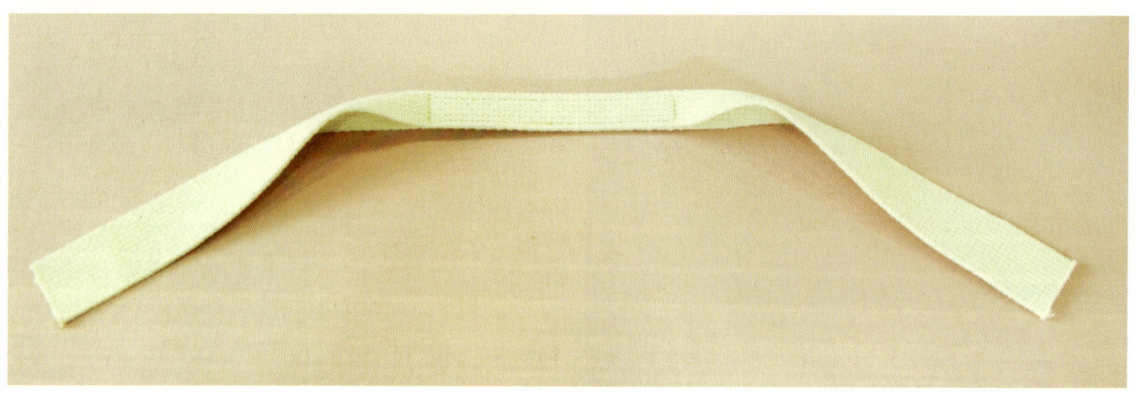

02

손잡이의 중심부분을 직사각형 형태로 박는다.

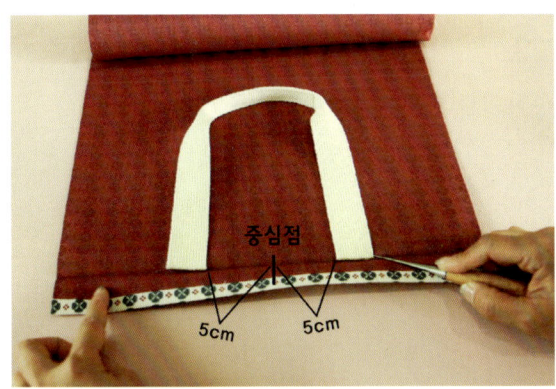

03

접어서 다린 시접 사이로 손잡이 끝을 끼워 넣는 다(중심점에서 약5cm 간격으로).

04

입구의 시접을 덮고 패브릭전용접착제로 임시고정 한다.

05

시접 0.2cm로 박아 손잡이를 고정한다.

06

손잡이를 꺾어 다린 후 임시고정 한다.

07

사진과 같이 'x'자형으로 박아 완전히 고정한다.
('x'자형 삽입하기 p.108 참고)

08

손잡이가 달린 겉모습.

3 손잡이 달기
- B형 (가죽 손잡이)

01

가방 입구에서 3cm를 내려와 시접 0.2cm로 박는다.

02

다른 쪽의 입구부분도 같은 방법으로 박는다.

03

가방 손잡이의 위치를 표시한 후, '온박음질'로 손잡이를 단다.

04

손잡이를 단 겉쪽 모습.

05

손잡이를 단 안쪽 모습.

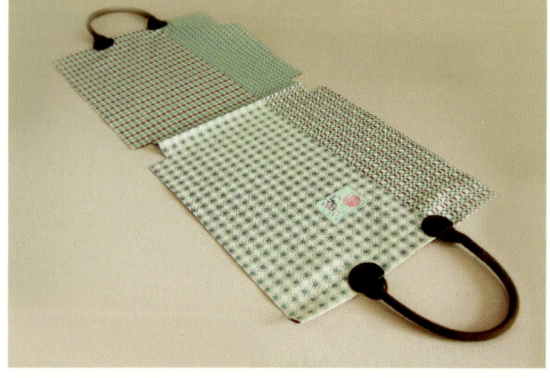

06

양쪽의 손잡이를 모두 단다.

4 옆선 박기

01

안끼리 마주 댄 후, 옆선을 겉에서 시접 0.5cm 로 박는다.

02

뒤집어 다린다.

03

옆선을 시접 1cm로 박는다(통솔).

04

양쪽 옆선을 시접 1cm로 박은 모습(통솔).

05

뒤집어 다린다.

5 바닥 모서리 박기

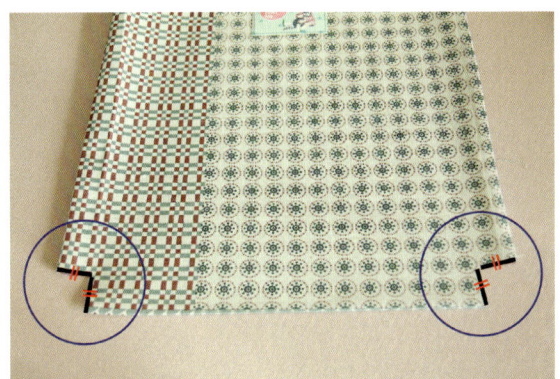

01

바닥 모서리 부분을 벌려서 옆선과 가방 바닥의
중심선이 맞도록 임시고정 한다.

top tip
모서리 부분 가로, 세로의 사이즈가 맞지 않
는다면, 맞춰서 잘라준다.

02

옆선과 가방 바닥의 중심선이 맞추어 겉에서 시접
0.5cm로 박는다.

03

다른 모서리도 겉에서 시접 0.5cm로 박는다.

04

모서리를 뒤집는다.

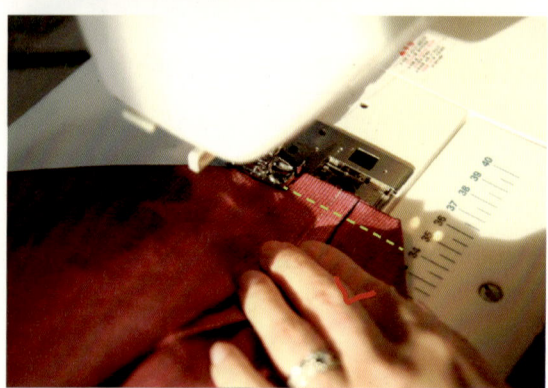

05

뒤집은 모서리를 안쪽에서 시접 1cm로 박는다(통솔).

06

다른 모서리도 안쪽에서 시접 1cm로 박는다(통솔).

07

양쪽 모서리를 시접 1cm로 박은 모습(통솔).

08

뒤집어 잘 다린다.

09

완성된 모습.

응용작

5장
바이어스 심플 바구니

5.
Bias Simple Bag

재료

1 겉감 (세로 약134cm x 가로 약50cm), 1장
2 실크심지 (겉감과 같은 사이즈), 1장
3 바이어스 테이프(너비: 1cm) 1마
4 장식용 라벨(선택사항)

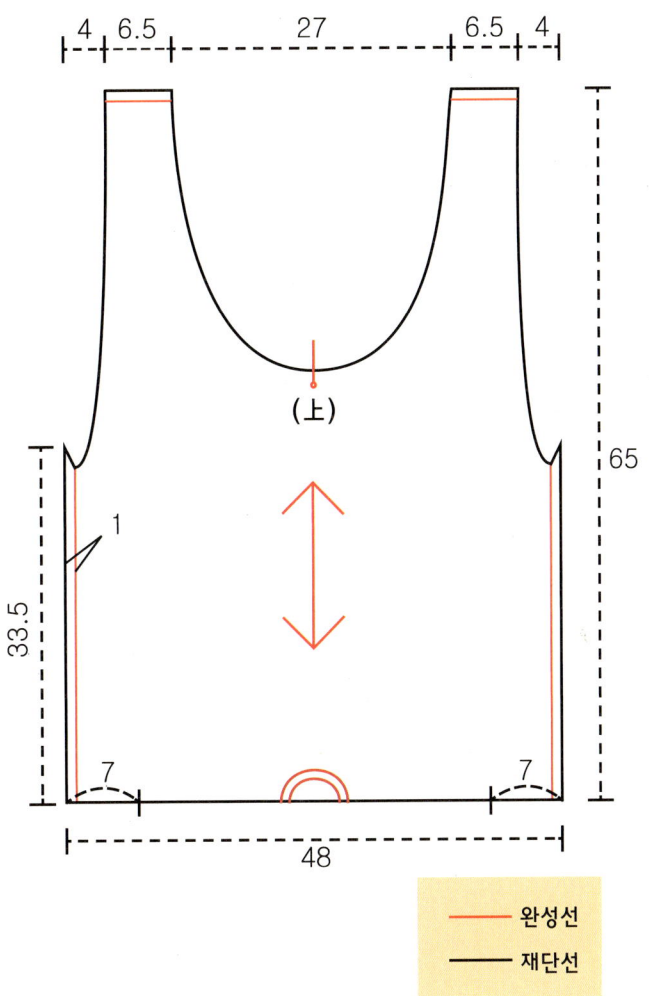

4   6.5   27   6.5   4

65

33.5

1

(上)

7   7

48

완성선
재단선

바이어스 심플 바구니 도안

원단소요량

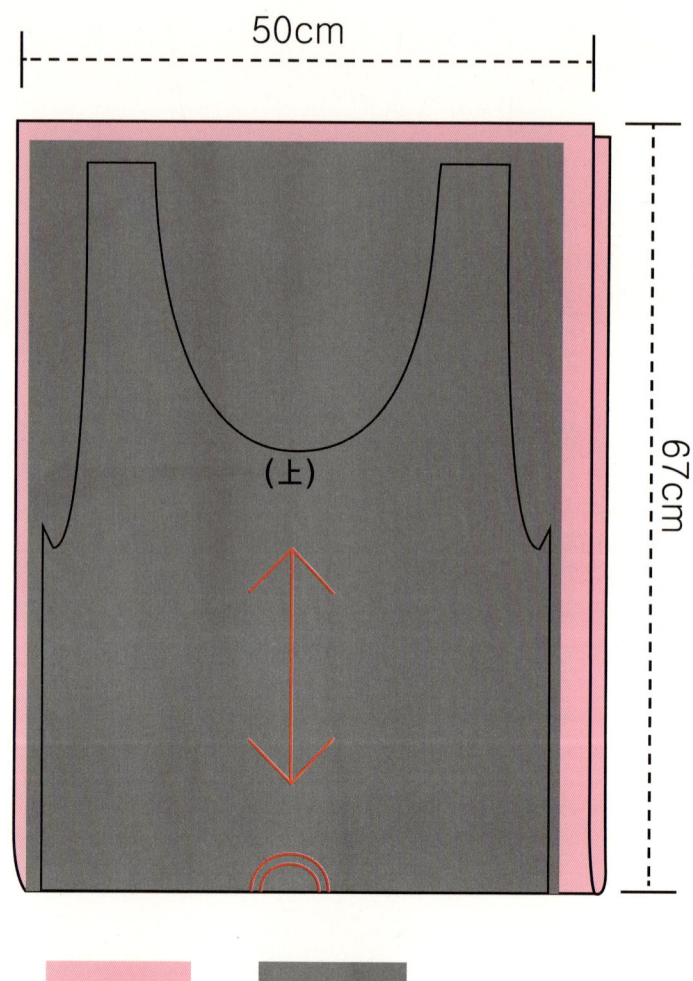

50cm

67cm

(上)

겉감   심지

1 도안그리기

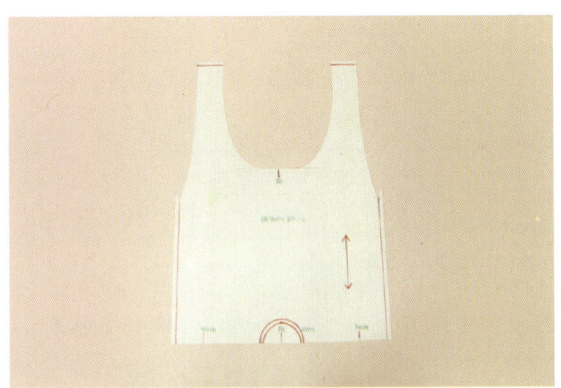

01

도안을 그린다.

02

가재단 한 겉감과 실크심지를 안끼리 마주대고
다려 붙인다.

03

겉끼리 마주대고 반으로 접은 후, 도안을 대고 재
단선을 그린다.

2 재단하기

01
직선부분은 원형커터로 재단한다.

02
곡선부분은 초크로 그린 후 재단가위로 잘라준다.

03
겉감을 재단 한 모습.

04
기호에 따라 겉면의 중앙에 장식용 라벨을 시접 0.2cm로 박는다.

3 옆선,
손잡이 부분 박기

01

겉끼리 마주대고, 가방의 옆선과 손잡이 부분을 시접 1cm로 박는다.

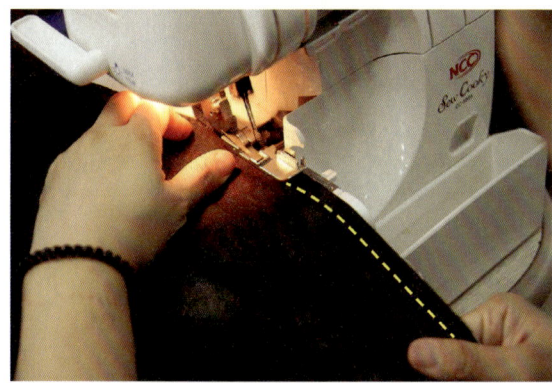

02

시접 1cm로 박은 옆선의 시접을 오버록 한다.

03

겉끼리 마주대고, 손잡이 부분을 시접 1cm로 박는다.

04

시접 1cm로 박은 손잡이 부분의 시접을 오버록 한다.

4 바닥선 박기

01
바닥부분을 양 옆에서 7cm씩 중심 쪽으로 접어서 시침핀으로 임시고정 한다.

02
접은 부분을 시접 1cm로 박는다.

top tip

이와 같이 가방의 바닥부분을 접어서(골선 재단) 1장으로 만든 가방은 식서방향으로 만들어 졌기 때문에 무거운 물건을 담아도 튼튼해요.

5 바이어스 박기

뒤집어 다린다.

02

너비 1cm 바이어스 테이프를 완성선에 맞게 끼워
서 시침핀으로 임시고정한 후, 겉에서 시접 0.2cm
로 상침한다.

top tip

시판되는 바이어스 테이프는 완성되는 너비
에 따라 1cm, 1.5cm 등이 있습니다. 바로
사용할 수 있도록 반으로 접혀 다려진 바이
어스 테이프가 1마(90cm) 단위로 담겨있어
요. 바이어스 테이프는 접힌 모양대로 봤을
때, 폭이 짧은 쪽이 겉으로(보이는 면) 오도록
끼우고 박아야 합니다. 그래야 겉에서 상
침을 해도 뒷면의 바이어스 테이프까지 한
꺼번에 봉제가 됩니다.

03

곡선부분의 바이어스 테이프도 울지 않게 겉에서 시접 0.2cm로 상침한다.

top tip

곡선박기가 어려운 초보자는 바이어스 테이프를 끼우고 시침질(손바느질)로 임시고정 한 후, 박으면 좀 더 정확하고 편하게 봉제작업을 할 수 있어요.

04

바이어스 테이프가 뒷면까지 봉제가 잘되었는지 확인하면서 다리미로 다린다.

05

완성된 모습.

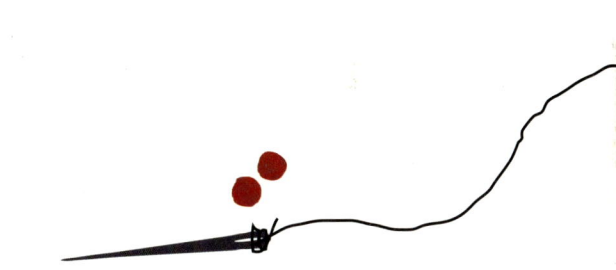

6장
스페셜 숄더 에코백

6.
Special Shoulder Bag

재료

1 겉감(어깨끈 포함) (세로 약 90cm × 가로 약 50cm), 1장
2 주머니감 (세로 약 35cm × 가로 약 23cm), 1장
3 안감 (세로 약 90cm × 가로 약 40cm), 1장
4 실크심지 (겉감, 어깨끈용 원단, 주머니용 원단과 같은 사이즈)
5 장식용 라벨(선택사항)

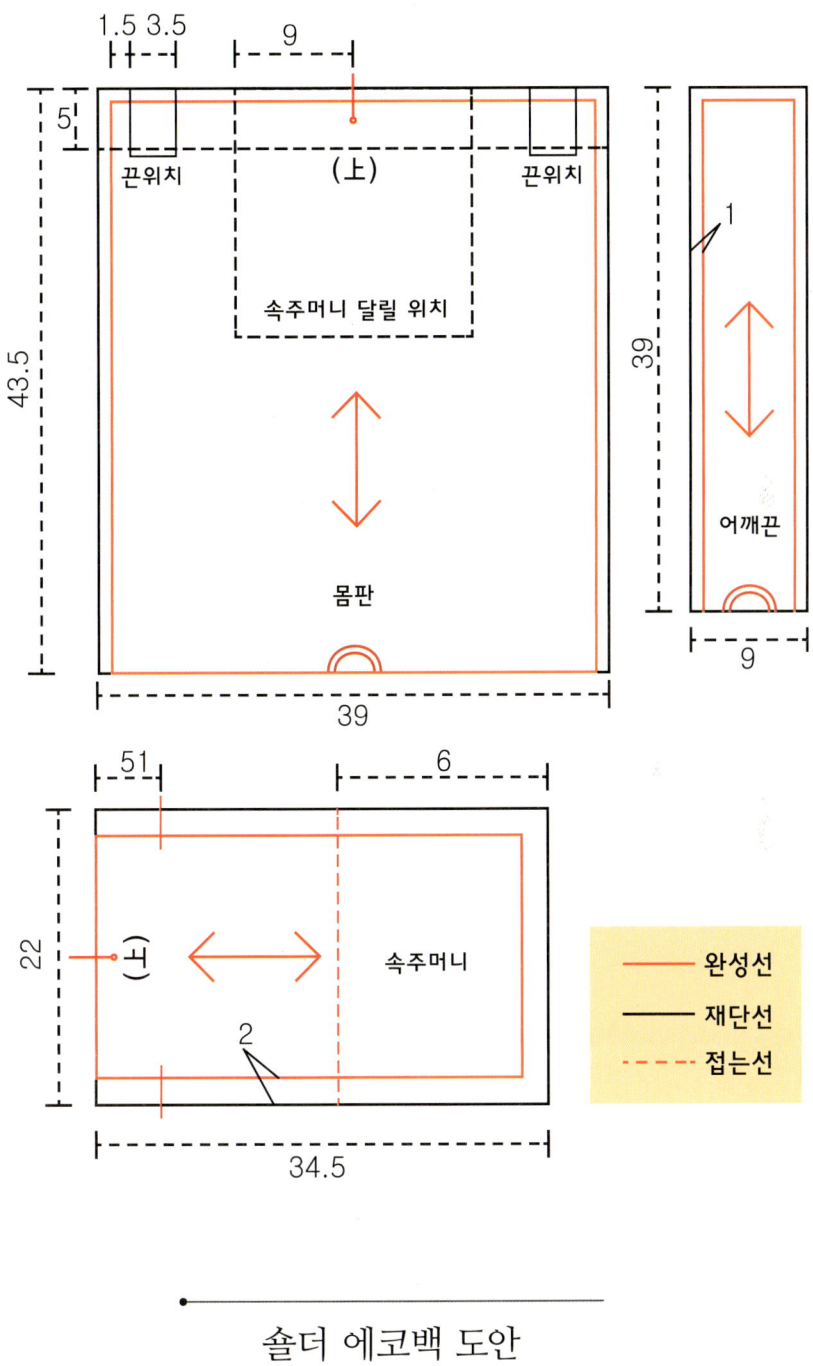

1.5 3.5 9

5

43.5

끈위치 (上) 끈위치

속주머니 달릴 위치

몸판

39

39

1

어깨끈

9

51 6

22 (上) 속주머니

2

34.5

	완성선
	재단선
	접는선

솔더 에코백 도안

원단소요량

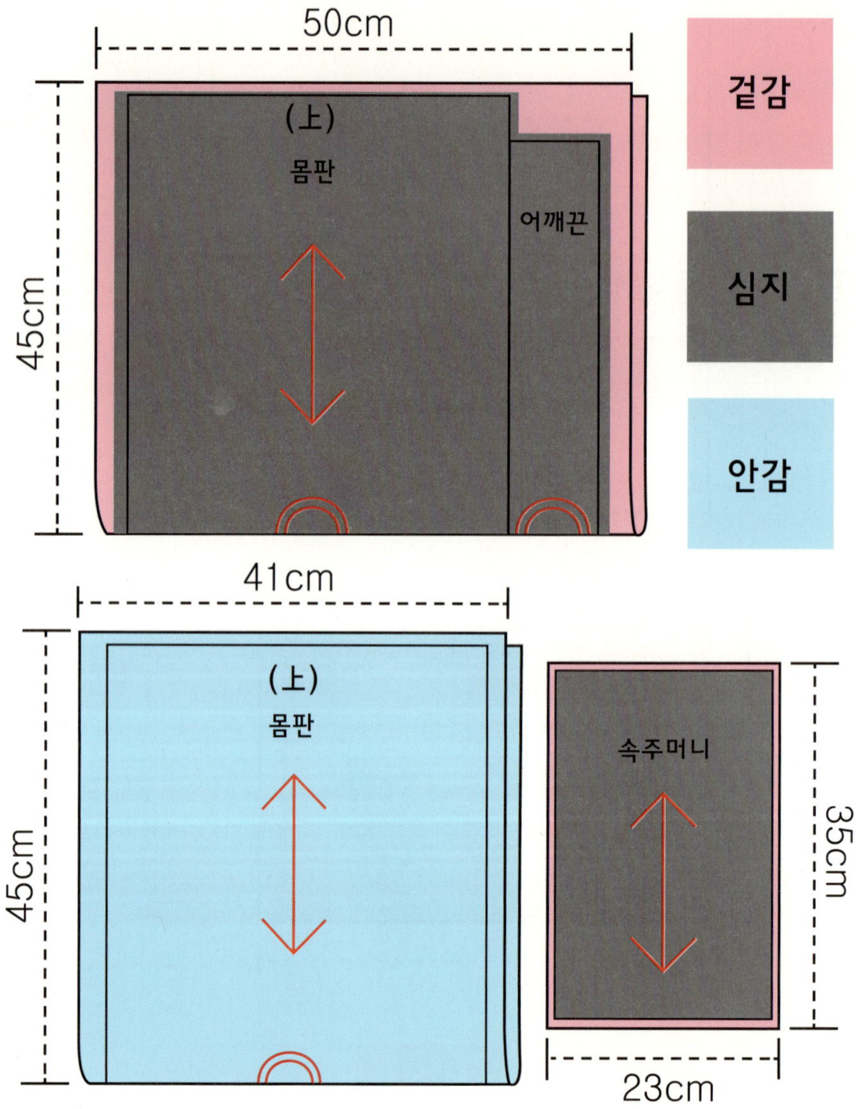

50cm

(上)
몸판

45cm

어깨끈

| 겉감 |
| 심지 |
| 안감 |

41cm

(上)
몸판

45cm

속주머니

35cm

23cm

top tip

원단이 두꺼우면 몸판용 걸감에는 실크심지를 붙이지 않아도 상
관없으나 어깨끈과 속주머니에는 반드시 붙여야 해요.

98

1 도안그리기

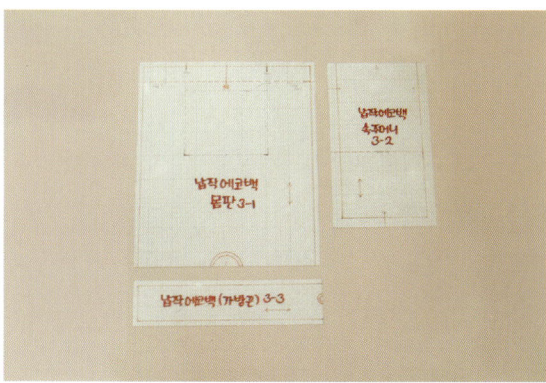

01

도안을 그린다.

top tip

도안을 오린 후, 큰 도안의 순서대로 번호를 써서 표시하면 편리해요. 앞의 숫자는 도안의 총 수이고, 뒤의 숫자는 해당 도안을 의미합니다. 즉 '3-1'은 총 3개의 도안 중 가장 큰 첫 번째 도안이라는 뜻이지요.

2 재단하기

01

실크심지를 붙인 겉감과 안감을 몸판(도안3-1)사이즈로 재단한다. 가방 바닥을 중심으로 '두겹접기'하여 골선으로 재단한다. 이때 도안과 같이 식서방향을 맞추어 재단한다.

02

실크심지를 붙인 속주머니용 원단은 속주머니(도안3-2)사이즈로 재단하고, 실크심지를 붙인 어깨끈용 원단은 어깨끈(도안3-3)사이즈로 재단한다. 어깨끈은 재단을 할 때 도안과 같이 식서방향을 맞추어 재단한다.

03

겉면의 상단 중앙에 장식용 라벨을 시접 0.2cm로
상침한다.

3 어깨끈 만들기

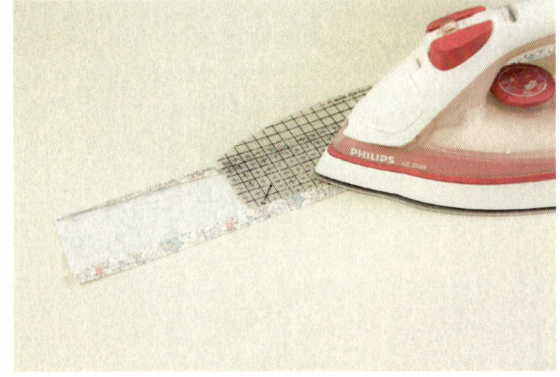

01
실크심지를 붙인 후 재단한 어깨끈의 양쪽을 사진과 같이 시접 1cm로 접어 다린다.

02
다시 반으로 길게 접어 다린다.

03
어깨끈을 시접 0.2cm로 상침한다.

04
완성된 어깨끈.

top tip

제천으로 어깨끈을 만들지 않고, 3장의 〈심플 에코백〉에서 사용한 3cm두께의 면 끈을 사용해도 됩니다.

4 속주머니 만들기

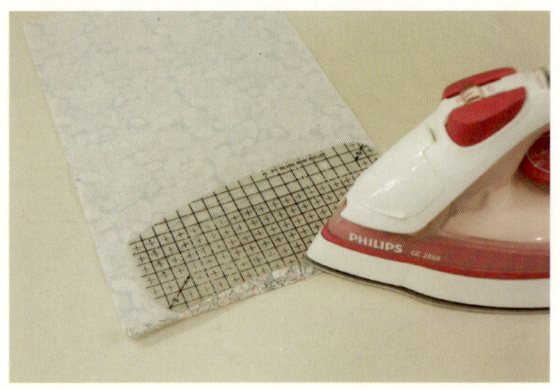

01

속주머니의 입구가 될 아랫부분을 시접 1cm로 다린다.

02

속주머니의 옆선부분도 시접 1cm로 다린다.

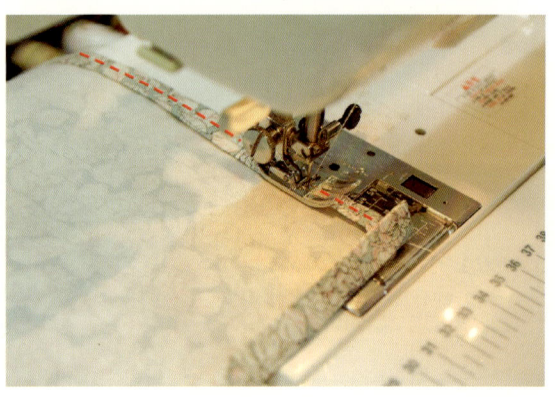

03

〈4-01〉에서 접어다린 속주머니의 입구부분을 시접 0.5cm로 박는다.

04

기호에 따라 주머니의 겉면에 라벨을 시접 0.2cm
로 박는다.

05

속주머니 도안의 모양대로 접은 후, ⟨4-02⟩에서 접
어다린 옆선을 시접 0.5cm로 박는다.

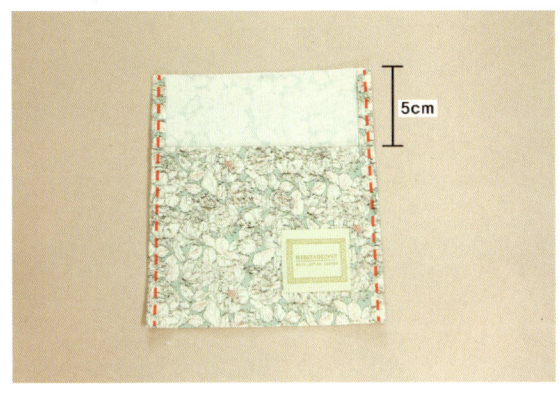

5cm

06

완성된 속주머니. 속주머니의 윗부분은 가방 입구
의 접는 단 사이로 끼워서 봉제되므로, 시접정리를
하지 않는다.

5 가방 입구와 옆선박기

01

겉감의 겉과 안감의 겉끼리 마주대고 임시고정 한다.

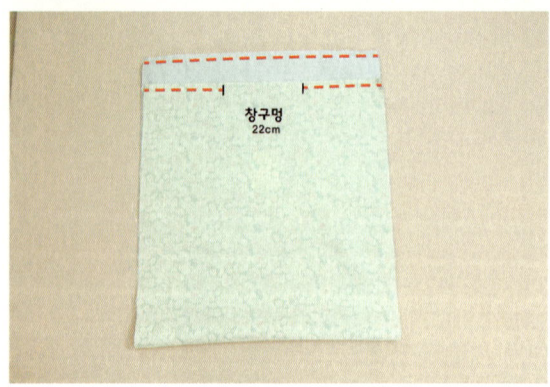

02

가방의 입구부분을 시접 1cm로 각각 박는다. 이 중 한쪽은 가운데 창구멍을 약 22cm정도 남기고 박는다.

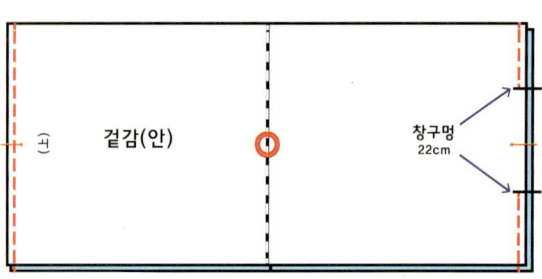

03

안감과 겉감이 연결된 가방의 입구부분을 가운데로 오도록 정리한다. 즉 겉감의 겉끼리 마주대며, 안감은 안끼리 마주댄다. 이때 입구를 박았던 시접은 어긋나게 겹쳐 임시고정한다.

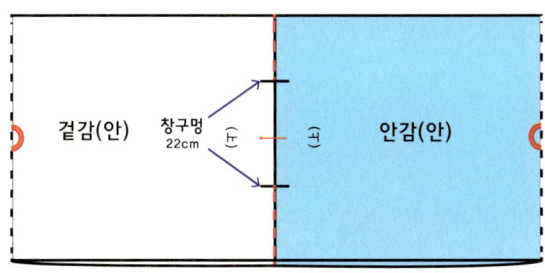

04

가방의 양쪽 옆선을 시접 1cm로 박는다.

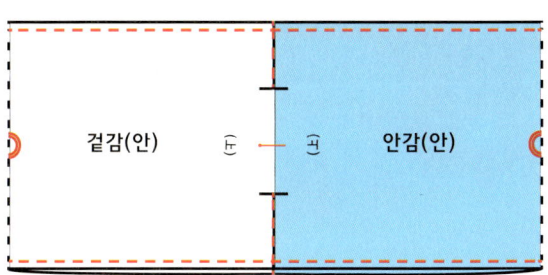

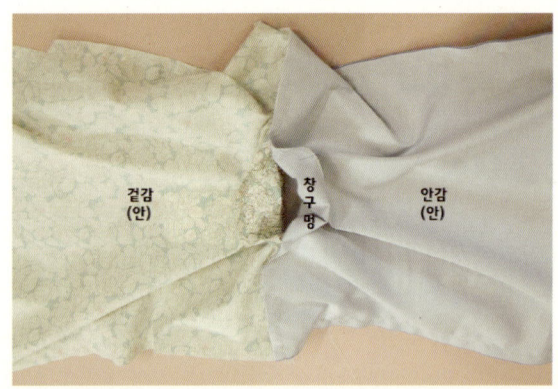

05

02에서 남긴 창구멍을 통해 겉감의 겉면이 밖으로 나오도록 뒤집으면, 자연스럽게 안감의 겉면은 가방의 속으로 들어간다.

06

완성된 몸판의 모습

07

창구멍의 시접을 접어 넣어 안보이도록 입구부분을 정리한다.

08

가방의 입구부분을 시접 3.5cm로 다린다. 창구멍을 따로 막지 않아도, 시접 속으로 들어가기 때문에 겉에서 보이지 않고 깔끔하게 정리된다.

01

〈4-06〉에서 완성한 속주머니를 다려놓은 가방 입구의 시접사이에 끼운다.

02

옆선에서
1.5cm

〈3-04〉에서 완성한 어깨끈을 옆선에서 1.5cm지점에 맞추어 한쪽 면에 하나씩 엇갈리게 패브릭전용 접착제나 시침핀으로 고정한다.

03

3cm

속주머니를 고정하기 위하여 가방입구에서 3cm 내려온 선을 박는다.

04

옆선에서 1.5cm지점에 어깨끈을 끼운 후 시접 0.2cm로 상침한다. 어깨끈을 위쪽으로 꺽어 다린 후, 가방입구와 어깨끈을 한꺼번에 시접0.2cm로 상침한다.

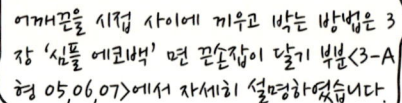

top tip

어깨끈을 시접 사이에 끼우고 박는 방법은 3장 '심플 에코백' 면 끈손잡이 달기 부분<3-A형 05,06,07>에서 자세히 설명하였습니다.

05

어깨끈을 가방의 한 면에 각각 하나씩 끼워 넣어 엇갈리게 박은 모습.

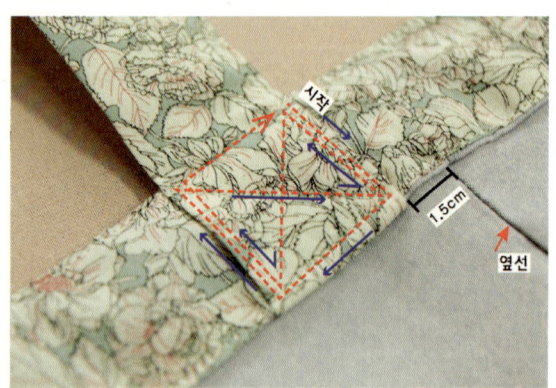

06

어깨끈을 'x'자형으로 한번 더 상침을 하면 보다 튼튼하다.

07

완성된 숄더 에코백의 안팎 모습.

응용작

7장
바이어스 장지갑

7.
Bias Wallet

재료

1 겉감, 단일 무늬 원단일 경우(식서방향 약42cm× 가로 약70cm), 1장
2 실크심지(겉감과 같은 사이즈), 1장
3 여밈용 스냅버튼 1개
4 바이어스 테이프(너비: 1cm) 1마
5 지퍼(약15cm)
6 장식용 라벨(선택사항)

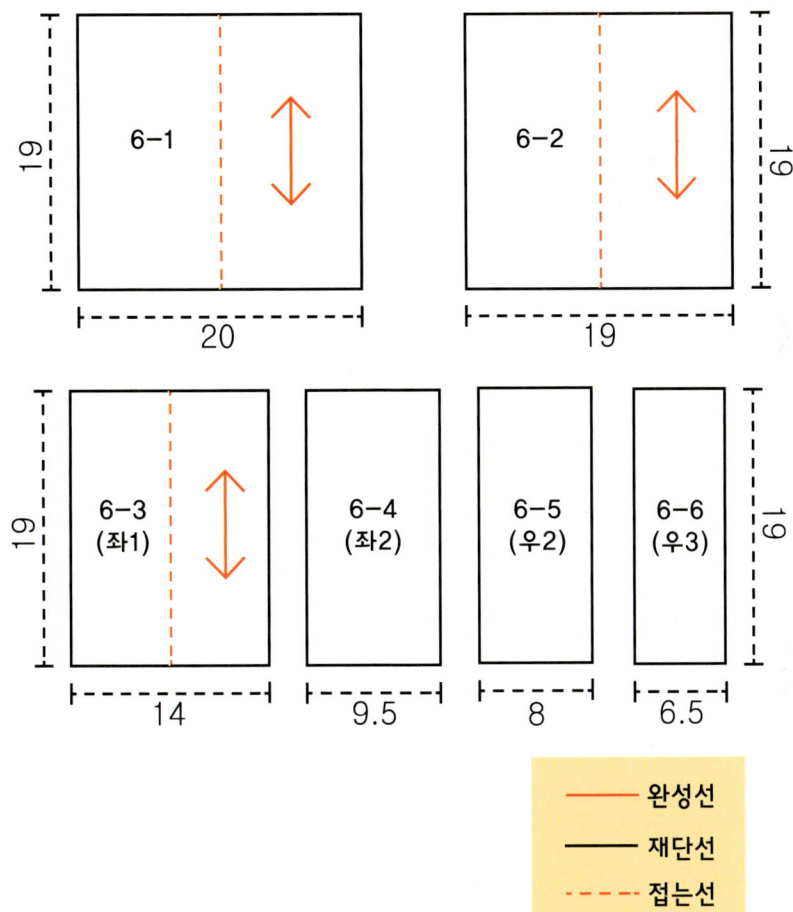

6-1		6-2

6-3 (좌1) 6-4 (좌2) 6-5 (우2) 6-6 (우3)

완성선
재단선
접는선

바이어스 장지갑 도안

단위 1cm, 시접이 포함된 도안

원단소요량

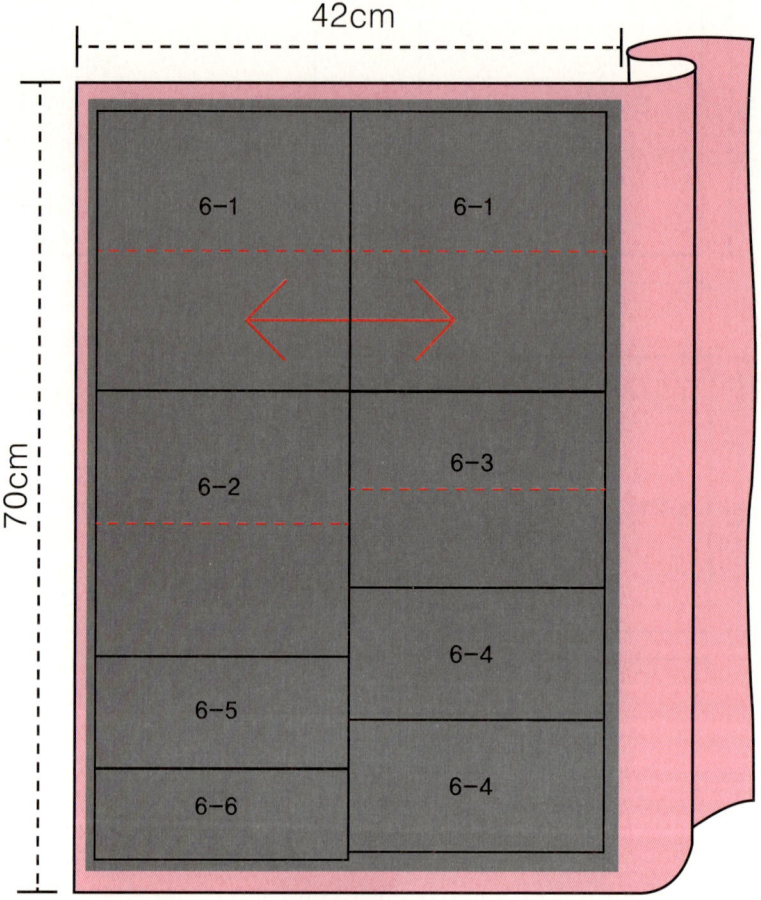

42cm

70cm

6-1　　6-1

6-2　　6-3

6-4

6-5

6-6　6-4

겉감　심지

top tip

위 그림의 원단 소요량은 단일 무늬의 직물을 사용하는 경우의 최
소 필요량입니다. 이 책에서 제시된 샘플처럼 서로 다른 무
늬의 원단을 사용하려면, 각각의 도안별로 총 8장의 원단이 필
요하므로, 소요량이 원단의 무늬에 따라 달라질 수 있습니다.

1 도안그리기

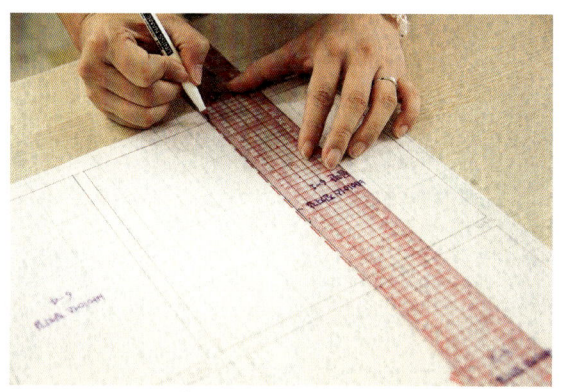

01

도안을 그린다.

(이 책에 제시된 도안은 시접이 포함된 것임)

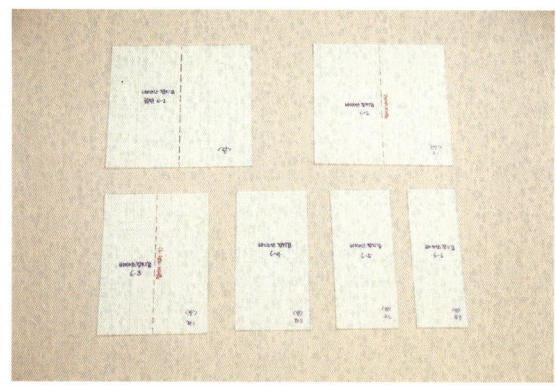

02

총 6개의 도안을 모두 그린 후, 번호를 쓰고 오린다.

ⓐ ⓑ

ⓒ ⓓ ⓔ ⓕ ⓖ ⓗ

03

사진과 같이 원하는 무늬의 원단을 배치하여 가재단한다. 도안〈6-1〉, 〈6-4〉는 각각 2장씩 필요하다.

(도안〈6-1〉은 ⓐ, ⓑ. 〈6-4〉는 ⓓ, ⓔ이며, ⓒ, ⓕ는 골선 재단이므로 총 8조각)

2 몸판만들기

01

지갑의 겉면이 될 원단 위에
도안〈6-1〉을 대고 ⓐ와 ⓑ를 그린다.

top tip

원단 ⓑ와 ⓒ는 누빔천을 사용하면
지갑이 빳빳하고 예뻐요

02

도안을 대고 재단가위나 원형커터로 재단한다.

03

지갑의 겉면이 될 ⓐ와 ⓑ의 안끼리 마주대고
지그재그로 고정한다.

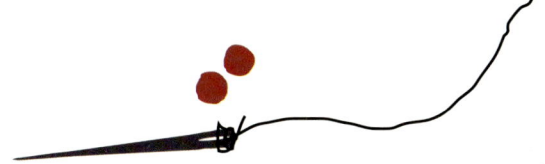

04

지갑의 겉면에 여밈용 스냅버튼의 위치를 표시한 후, 온박음질로 손바느질 한다.

05

반으로 접어서 여밈용 스냅버튼이 달릴 위치를 확인하면서 손바느질한다.

06

여밈용 스냅버튼을 달아준 안쪽 모습으로, 바느질된 안쪽을 감추고싶으면 이 위에 원단 한 장을 덧댄 후, 지그재그로 고정한다.

3 동전 수납용 지퍼 속주머니 만들기(왼쪽)

01

도안〈6-3〉을 대고 재단한 ⓒ원단을 반으로
접어 다린 후, 접힌 부분을 지퍼의 시접과 고정시켜
시접 0.2cm로 상침한다.

02

도안〈6-4〉를 대고 재단한 원단ⓓ와
누빔천ⓔ를 재단한다.

03

재단된 ⓓ와 ⓔ의 안끼리 마주대고 시접부분을
시침질하거나 지그재그로 고정한다.

04

지퍼를 단 ⓒ를 ⓓ위에 놓고, 지퍼의 시접을 포함한 4면을 지그재그로 고정한다. 이때 지퍼 고리가 빠져나가지 않도록 주의한다.

05

지퍼 시접 부분을 바이어스테이프로 잘 감싼 후 풀이나 시침핀으로 고정시켜서 시접 0.2cm로 상침한다.

06

동전을 수납할 수 잇는 지퍼달린 속주머니가 완성된 모습.

4 카드 수납용
주머니 만들기(오른쪽)

01

도안〈6-2〉를 대고 ⓕ원단을 재단한다. 골선이므로 재단 후, 반으로 접어서 다린다.

02

도안〈6-5〉를 대고 ⓖ원단을 재단한다.

03

도안〈6-6〉를 대고 ⓗ원단을 재단한다.

04

재단된 ⓕ, ⓖ, ⓗ의 입구부분에 각각 1cm 바이어
스테이프를 두른 후, 시접0.2cm로 상침한다.

05

상침 후 사이즈에 맞추어 필요 없는 부분을 자른다.

06

바이어스테이프를 상침한 ⓕ위에 ⓖ와 ⓗ를 사진
과 같이 차례로 올려 놓고, 시침질을 하거나, 시침
핀으로 고정한다.

07

카드수납을 위한 중심점을 표시한 후, 3장을 함께
눌러 박는다. 되돌아박기를 반복하여 내구성을
높인다.

08

카드 수납용 입구부분을 제외한 나머지 부분
('ㄷ'자형)을 지그재그로 고정한다.

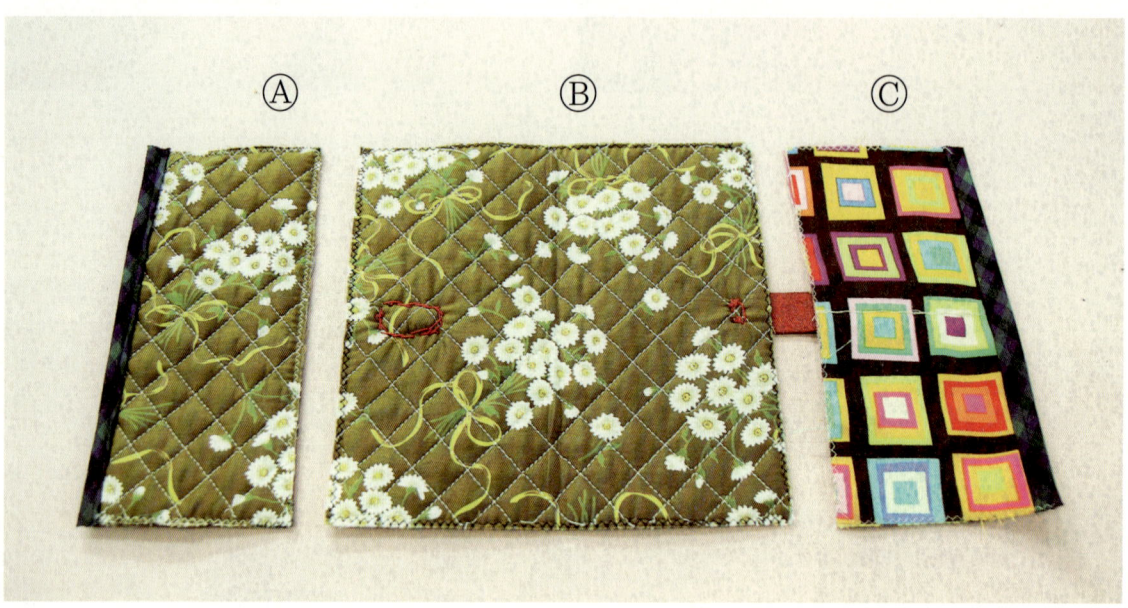

01

앞서 완성된 지퍼속주머니 Ⓐ와 지갑의 겉면 Ⓑ, 카
드수납용 주머니 Ⓒ를 준비한다.

02

지갑의 몸판인 Ⓑ와 Ⓐ와 Ⓒ를 사진과 같이 안끼리
마주대고, 모서리의 네 면을 지그재그로 고정시킨
다. 이 때 Ⓐ, Ⓑ, Ⓒ의 크기가 잘 맞지 않는다면, Ⓑ
의 크기에 맞춰서 잘라낸다(0.5cm 범위
안에서).

03

지갑의 모서리부분을 사진과 같이 약간 둥글게 자른다.

top tip
각진 모서리의 지갑보다는 둥근모서리가 바이어스테이프로 마감처리하기가 쉬우며 모양도 더 예뻐요.

04

너비 1cm 바이어스 테이프를 살짝 편다. 지갑의 겉면과 바이어스 테이프의 겉끼리 마주대고 사진과 같이 시접 1cm로 박는다.

05

지갑의 테두리부분을 바이어스 테이프로 겉에서 박은 모습.

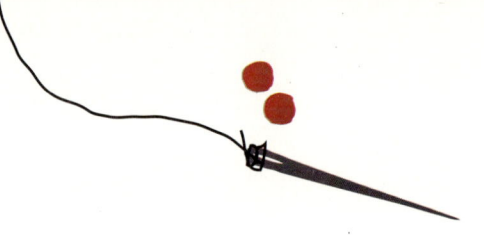

06

바이어스 테이프의 시접부분을 안쪽으로 꺾어
접은 후, 곡선부분까지 꼼꼼하게 다린다.

07

안쪽으로 넘어온 바이어스 테이프의 시접부분을 잘
다린 후, 손바느질로 '공그르기'하거나, 시침질 후 바
이어스 테이프 부분을 시접 0.2cm로 상침하여 마
무리 한다.

08

완성된 장지갑의 모습.

완성컷

응용작

자주 쓰는 가방 부속품

지퍼마감 하기

1 시판되는 너비 4cm 바이어스 테이프와 지퍼를 준비한다.

2 바이어스 테이프가 없을 때에는 4cm×8cm 사이즈의 원단을 45° 바이어스방향으로 재단한다.

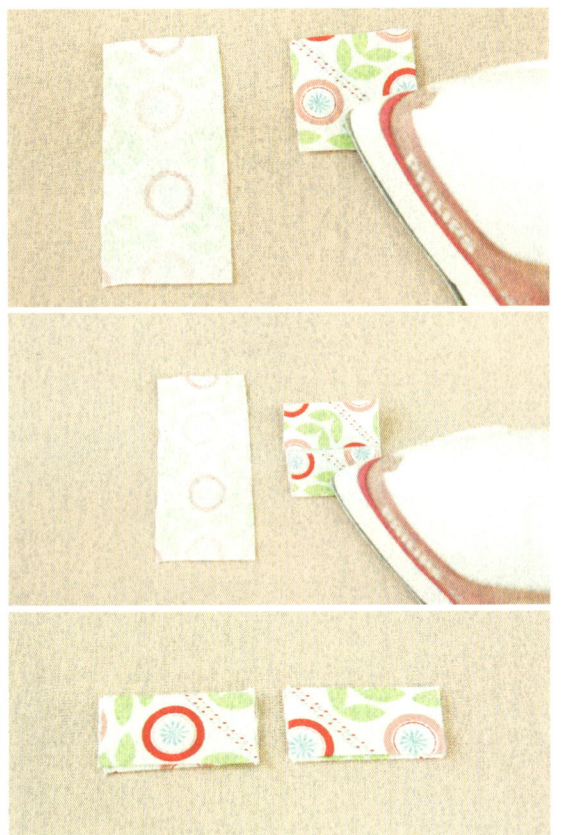

3 바이어스 방향으로 재단된 지퍼마감용 원단을 반으로 접어 다린 후(두겹접기), 다시 반으로 접어서 다린다. 같은 방법으로 2개를 준비한다.

<u>4</u> 지퍼를 끝까지 끼워 넣은 후, 패브릭전용풀로 임시고정한다.

<u>5</u> 지퍼의 시접부분을 박는다. 'H자'형으로 박으면 좀 더 튼튼하다.

<u>6</u> 지퍼의 크기에 맞추어 남은 원단을 자른다. 지퍼의 다른 쪽도
같은 방법으로 마감처리 한다.

top tip
마감처리 된 지퍼는 지퍼
를 이용해서 여닫는 모든 소
품과 가방을 만들 때마다
필요해요.

바이어스 속주머니

1 속주머니용 겉감, 실크심지, 너비 1cm 바이어스 테이프, 장식용 라벨, 속주머니 도안을 준비한다.

2 가재단된 겉감과 실크심지의 안끼리 마주대고 붙인다.

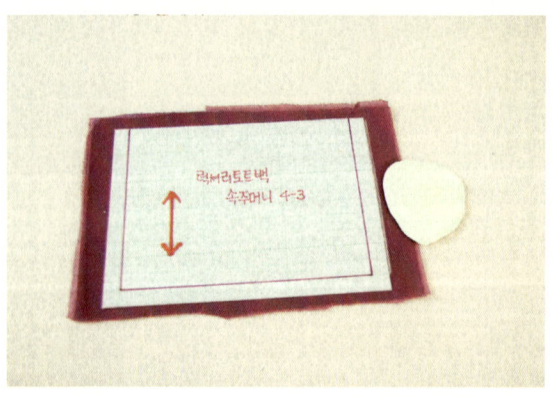
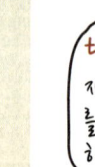

3 속주머니 도안을 대고 재단선을 쵸크로 그린다.

top tip

재단선을 쵸크로 그리지 않고, 도안과 컷팅자를 대고 원형커터로 자를 수 있어요. 또는 원하는 사이즈의 직사각형을 재단해도 됩니다

4 본재단한다.

5 장식용 라벨을 시접 0.2cm로 박는다.

6 너비 1cm 바이어스 테이프를 주머니의 입구 부분에 끼운 후, 시접 0.2cm로 상침한다.

7 주머니 입구부분의 앞, 뒤모습.

8 남은 부분을 자른 후, 입구부분을 제외한 3면을 오버록한다.

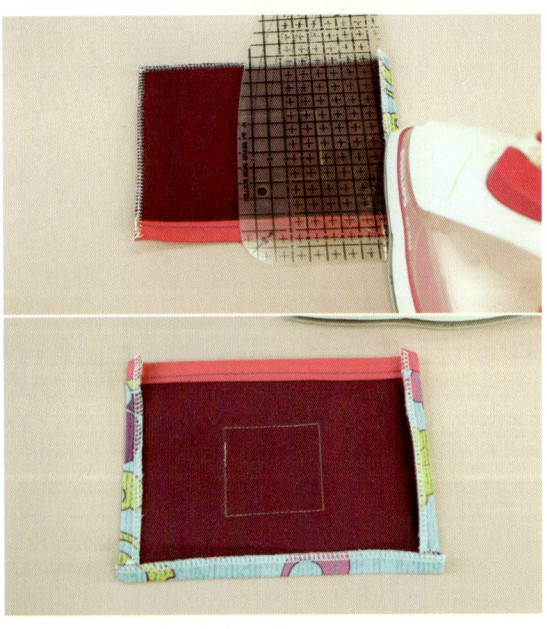

9 아이론 시접자를 이용하여 시접 1cm로 양 옆을 접어 다린 후, 바닥부분을 접어 다린다.

10 겉에서 한 번 더 다리면 완성.

top tip

바이어스 속주머니는 가장 많이 쓰는 부속품 중 하나입니다. 여러 개를 한꺼번에 만들어 놓은 후, 가방을 만들 때마다 꺼내서 사용하면 편해요.

지퍼 속주머니

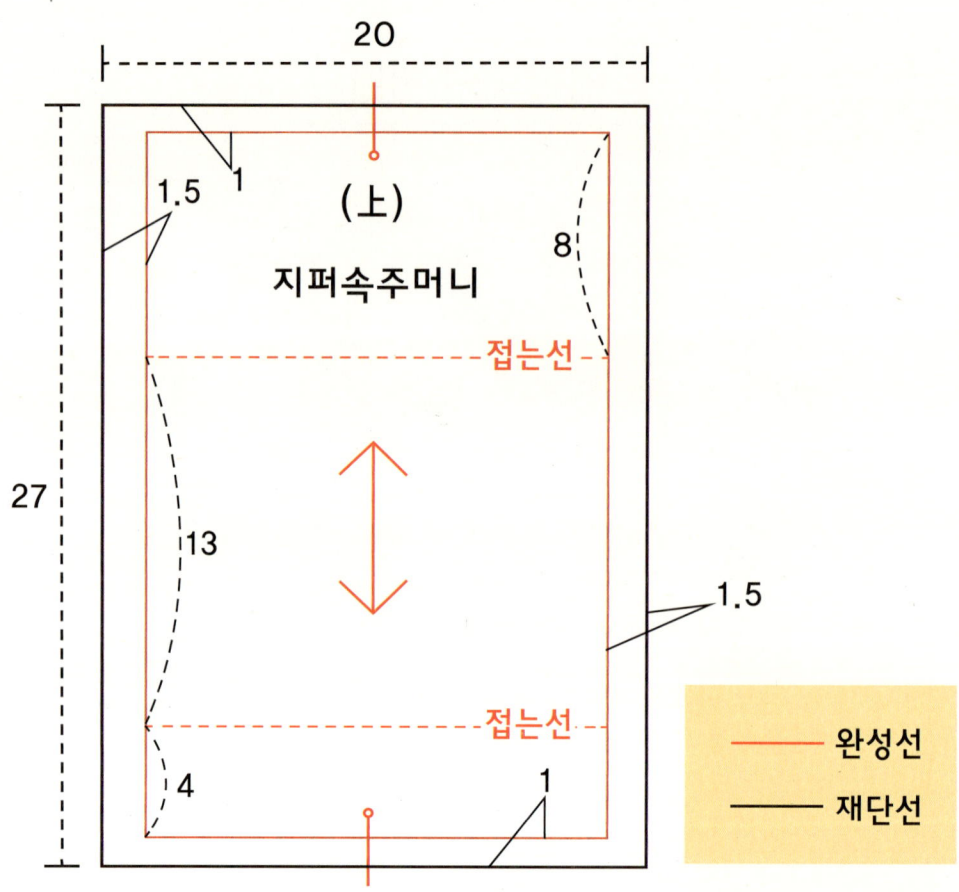

20

27

1.5   1

(上)

지퍼속주머니

8

접는선

13

접는선

4   1

1.5

	완성선
	재단선

지퍼 속주머니 도안

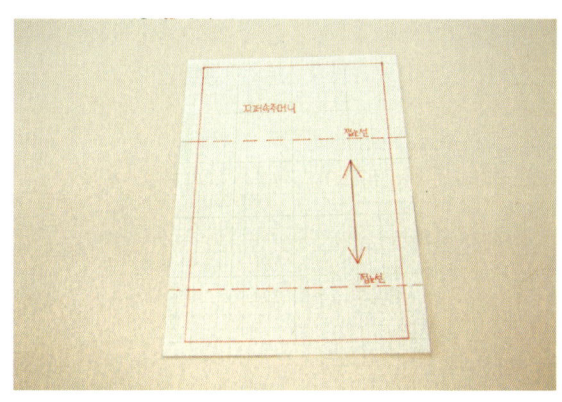

1 도안을 그린다.

2 실크심지를 붙인 겉감에 도안을 대고 본재단 한다.

3 지퍼가 달릴 위쪽과 아랫부분을 오버록 한 후, 시접 1cm로 접어 다린다.

4 지퍼의 시접위에 임시고정 한 후, 시접 0.2cm로 상침한다.

5 지퍼고리가 빠지지 않도록 주의하면서 다른 한쪽의 지퍼도 시접 0.2cm로 상침한다.

6 도안의 크기와 맞추어 다린 후, 양쪽 옆선을 시접 0.5cm로 박는다.

7 뒤집어서 다린 후, 양쪽 옆선을 시접 1cm로 박는다(통솔).

8 다시 뒤집어서 다리면 완성.

top tip
완성된 지퍼속주머니는 윗부분을 다른 가방의 안쪽에 고정시켜서 사용할 수도 있고, 그냥 파우치로 써도 좋아요.

8장
트렌디 플랫 클러치

8.
Trendy Flat Clutch Bag

2014 제44회 대한민국 공예품대전 특선 수상작 中

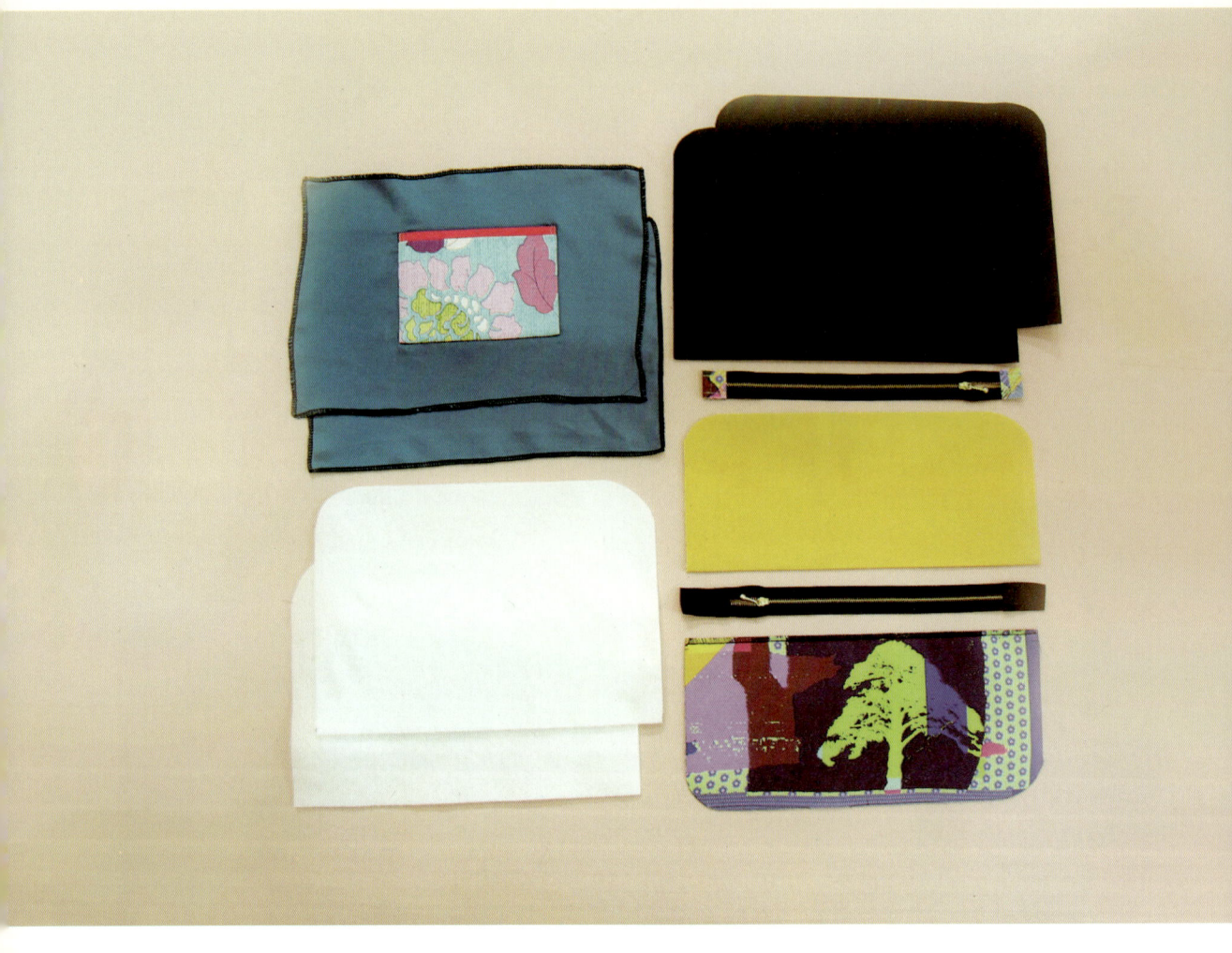

재료

---

1 겉감 몸판(24cm x 37cm), 2장
2 안감 몸판(24cm x 37cm), 2장
3 속주머니(14cm×20cm), 1장
4 속주머니용 너비 1cm 바이어스 테이프 약 14cm
5 하드심지(겉감 몸판과 사이즈), 2장
6 4온스 접착 솜심지(완성사이즈)
7 지퍼 1개(25cm), 지퍼마감용 바이어스 원단 2장

(선택사항)
겉주머니 2장, 실크심지(겉주머니용과 사이즈) 2장
겉주머니용 지퍼 1개(25cm)
지퍼마감용 바이어스 원단 2장
너비 1cm 파이핑 테이프 약 45cm
어깨끈 고정용 고리 1쌍, 어깨끈용 체인
장식용 라벨

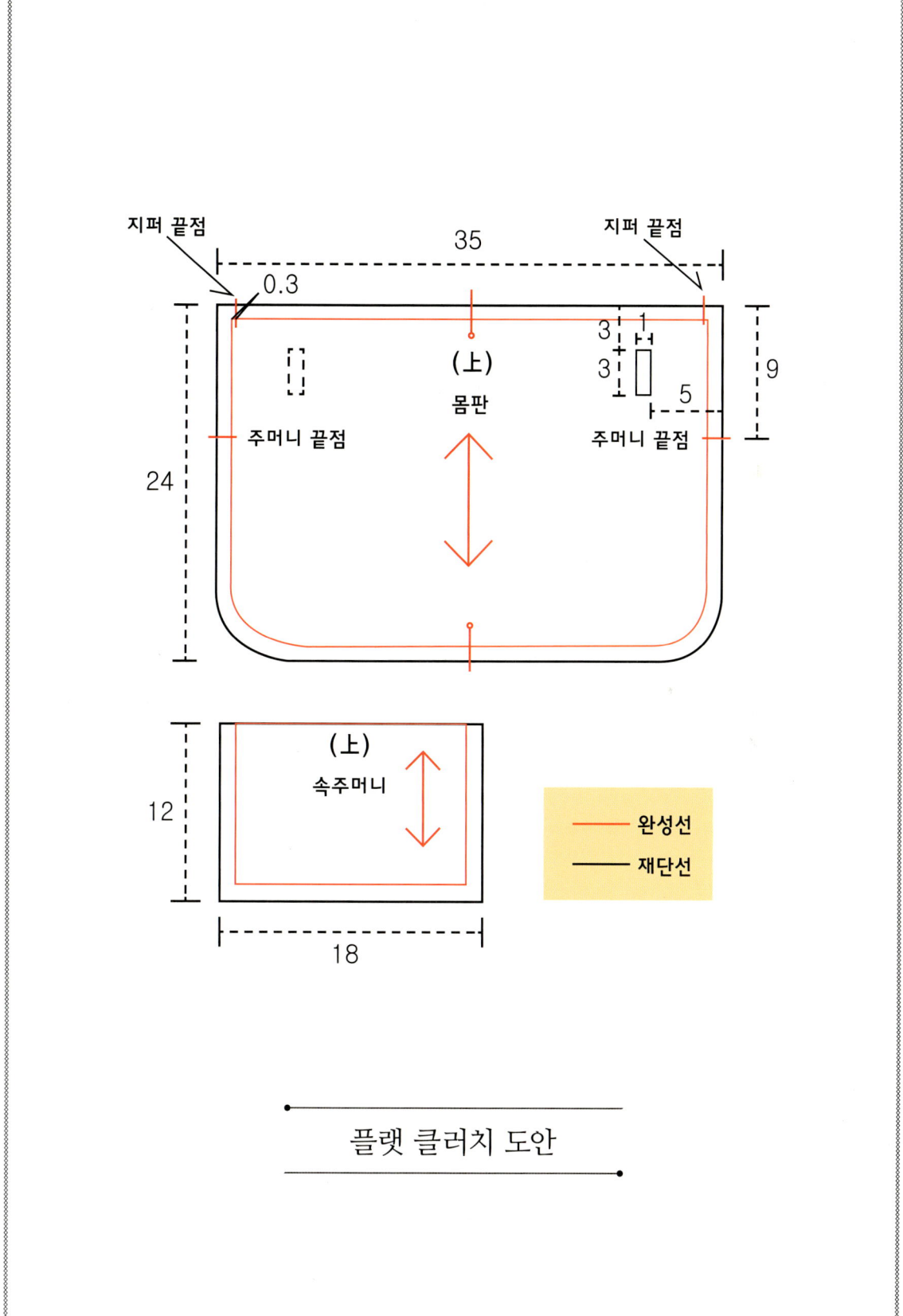

지퍼 끝점　　　　　　　　　　　지퍼 끝점

35

0.3

(上)
몸판

3 1
3
5

9

주머니 끝점　　　　　　　　　주머니 끝점

24

(上)
속주머니

12

완성선
재단선

18

플랫 클러치 도안

147

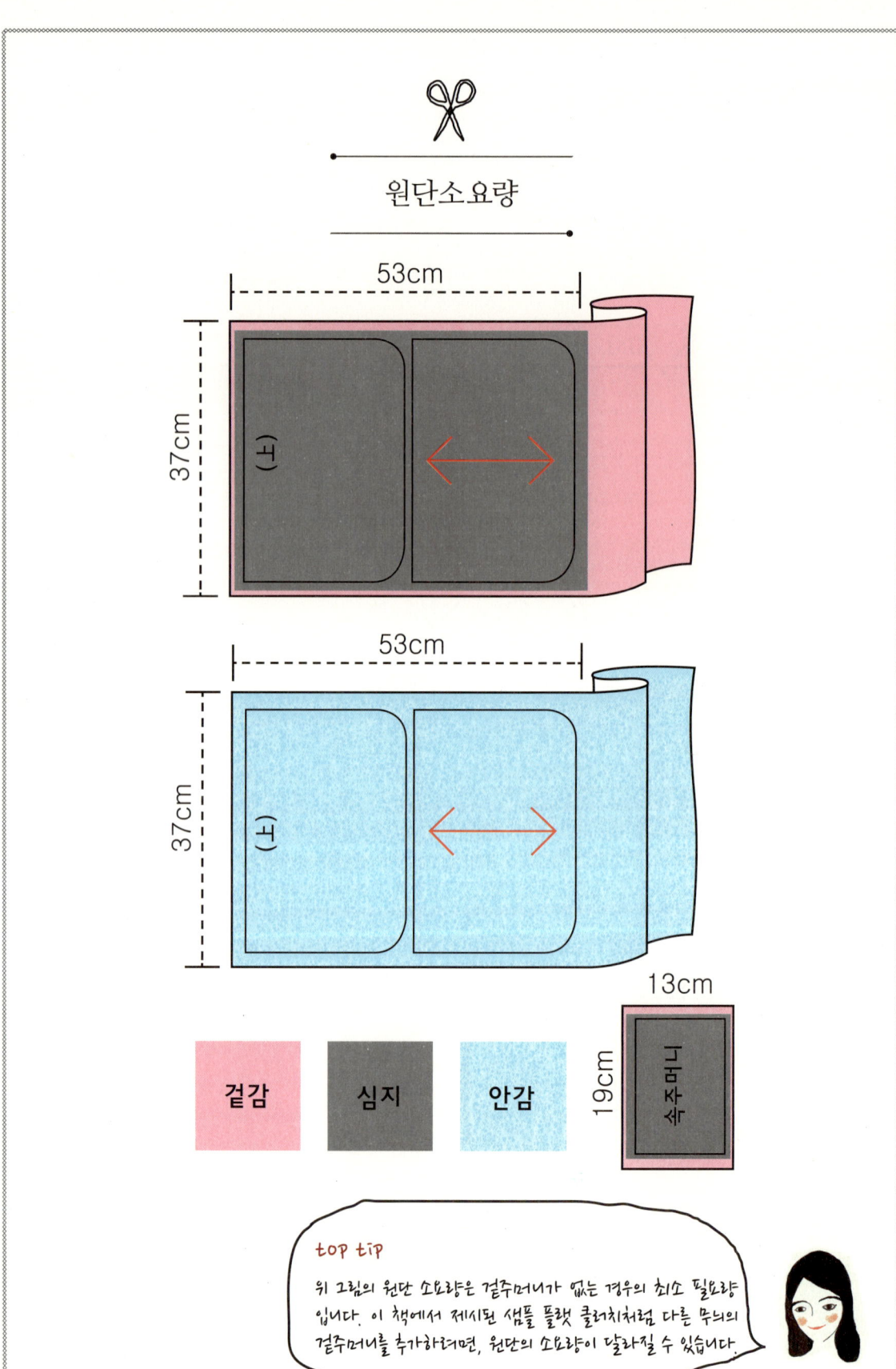

원단소요량

53cm

37cm

(上)

53cm

37cm

(上)

13cm

19cm

속주머니

겉감 심지 안감

top tip

위 그림의 원단 소요량은 겉주머니가 없는 경우의 최소 필요량
입니다. 이 책에서 제시된 샘플 플랫 클러치처럼 다른 무늬의
겉주머니를 추가하려면, 원단의 소요량이 달라질 수 있습니다.

01

도안을 그린다.

02

겉감과 하드심지의 안끼리 마주대고 붙인 후, 겉감
몸판용 2장을 가재단 한다.

03

도안을 대고 초크로 그린 후 재단한다.

2 솜심지 붙이기

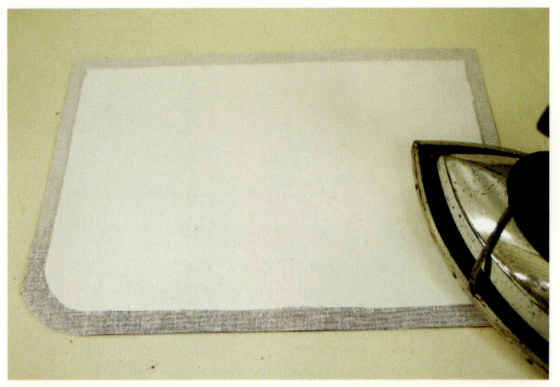

01

하드심지를 붙여 재단한 몸판과 '완성사이즈'로 재단한 4온스 접착 솜심지를 안끼리 마주대로 붙인다.

top tip

플랫 클러치의 '완성사이즈'는 시접분량이 제외되므로 도안보다 사방으로 1cm씩 작아요.

02

접착된 솜심지의 테두리가 떨어지지 않도록 솜고정용 접착테이프를 다림질로 붙여 한번 더 고정시킨다.

03

곡선부분까지 꼼꼼하게 다려서 붙인다.

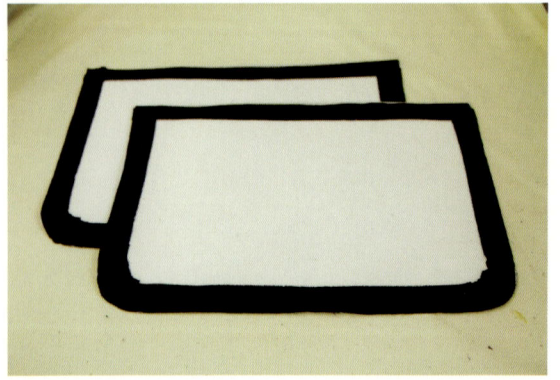

3 겉주머니Ⓐ 만들기

01

시접 포함 길이 35cm으로 마감처리를 한 지퍼와 시접 1cm로 입구를 접어다린 겉주머니 Ⓐ를 겉끼리 마주대고 시접 0.2cm로 상침한다.
〈지퍼마감처리 방법 p.132 참고〉

top tip

지퍼가 달린 겉주머니를 추가할 때에 지퍼 마감 시접의 길이는 사진과 같이 완성될 사이즈에서 시접분(1cm)이 추가됩니다.

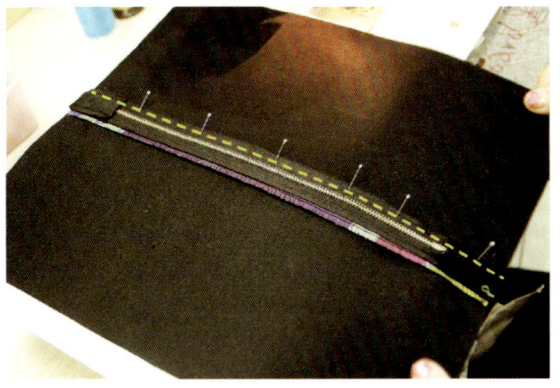

02

겉주머니 Ⓐ의 남은 한쪽 지퍼시접을 몸판의 겉과 마주대고 임시고정 한다.

03

사진과 같이 시접 0.5cm로 안쪽에서 박는다.

top tip

플랫 클러치의 '완성사이즈'는 시접분량이 제외되므로 도안보다 사방으로 1cm씩 작아요.

04

지퍼가 달린 겉주머니 Ⓐ의 안쪽 모습

05

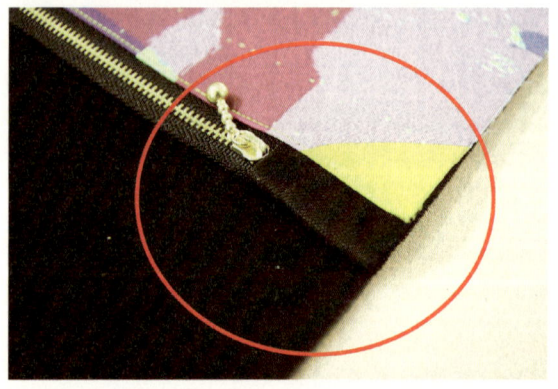

지퍼가 달린 겉주머니 Ⓐ를 겉이 보이도록 펼쳐 다린다.

06

겉주머니 Ⓐ와 몸판의 옆선과 바닥 부분을 지그 재그로 박아 고정한다.

4 겉주머니ⓑ 만들기

01

실크심지를 붙여서 도안사이즈로 재단된 겉주머니 ⓑ의 입구부분을 '세번접기'로 다린 후, '자수' 장식을 하거나 상침한다.

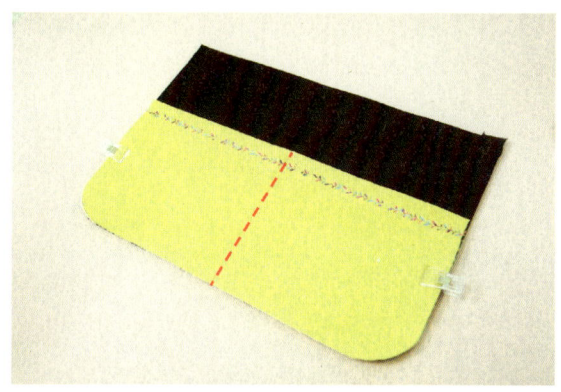

02

남은 한쪽의 몸판 위에 겉주머니 ⓑ를 도안과 맞추어 임시고정 한 후, 가운데부분을 튼튼하게 상침한다.

03

겉주머니 ⓑ를 몸판에 지그재그로 박아 고정한다.

04

너비1cm 파이핑 테이프를 겉주머니 ⑧위에 시침 질 한 후, 시접 0.5cm로 박는다.

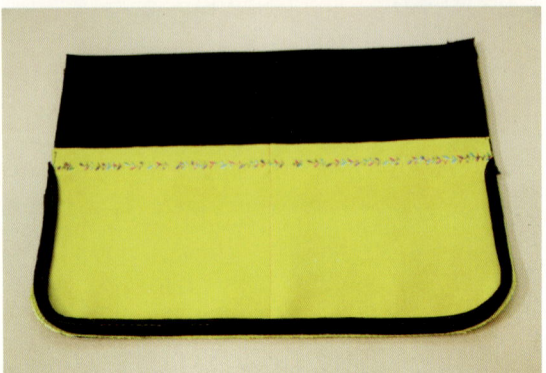

05

겉주머니 ⑧와 몸판이 연결된 모습

5 안감 속주머니와 지퍼 달기

01

몸판의 도안을 대고 안감 2장을 재단을 한 후, 안감의 겉쪽 중앙에 속주머니를 'ㄷ'자형으로 박는다.〈속주머니 만드는 방법 p.135 참고〉

02

시접 포함 길이 33cm으로 마감처리를 한 지퍼의 안과 안감의 겉을 마주대고 시접 0.5cm로 박는다.

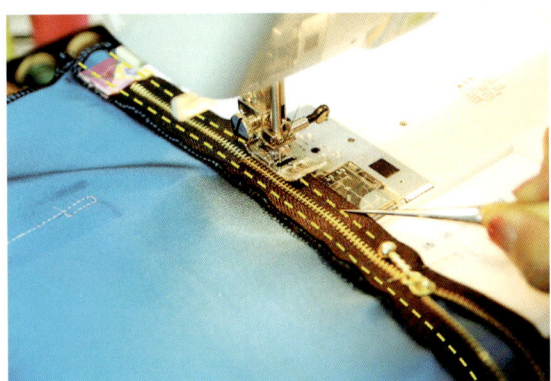

03

남은 한쪽의 지퍼시접도 같은 방법으로 박는다.

04

안감에 지퍼가 달린 모습. 사진과 같이 펴서 잘 다린다.

top tip

지퍼고리의 위치로 지퍼의 겉과 안을 구분하면서 박아요. 사진과 같이 속주머니가 달려있는 안감을 볼 때 지퍼고리가 보이면 안됩니다.

01

겉주머니 Ⓐ, Ⓑ가 달린 몸판의 입구부분을 각각
시접 1cm로 접어 다린다.

02

안감이 달린 지퍼의 겉면 위에 겉주머니 Ⓐ가 달린
몸판을 덮고 시침핀이나 시침질로 임시고정 한다.

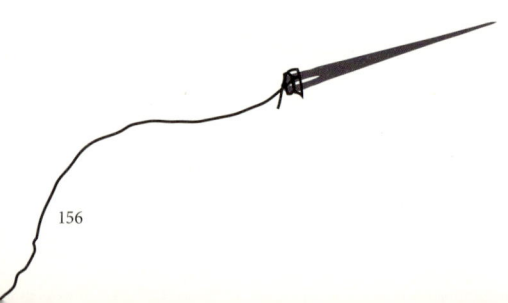

03

곡선부분까지 꼼꼼하게 다려서 붙인다.

top tip

겉감과 안감을 따로 사용하여 가방을 제작할 때에 '지퍼로 안팎을 연결'하는 작업은 매우 까다로운 과정이지요.

지퍼는 가방을 완성 한 후 가장 잘 보이는 부분이며, 활용도가 높기 때문에 이 과정이 굉장히 중요해요. 겉감과 안감 사이에 지퍼가 끼워져 박히는 형태이므로, 밑실의 색상을 안감이나 지퍼의 색상과 동일하게 맞춰 주면 좋아요.

04

지퍼로 몸판의 안팎이 연결된 겉모습.

7 옆선과 바닥 박기

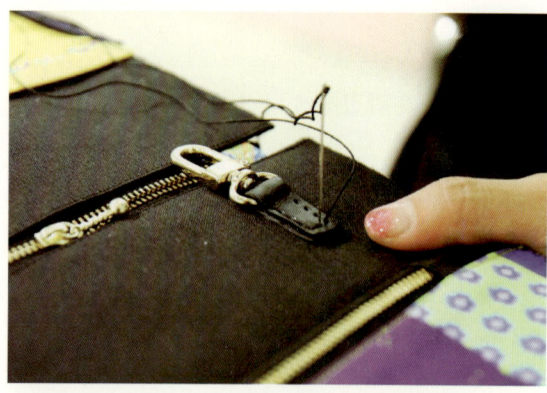

01

어깨끈 고정용 고리를 겉감에 손바느질(온박음질)한다.

02

어깨끈 고정용 고리를 달아준 모습.

top tip

플랫 파우치는 옆구리에 끼거나 손으로 들고 다니면서 사용하지만, 고정용 고리와 같은 부자재를 달아주면 숄더백 기능을 추가할 수 있어요. 그러나 옆선과 바닥부분을 작업하기 전, 겉감에만 바느질을 해야만 완성 후에 손바느질한 안쪽의 자국이 보이지 않아서 깔끔하답니다. 이때 안감과 함께 바느질 되지 않도록 주의하세요!

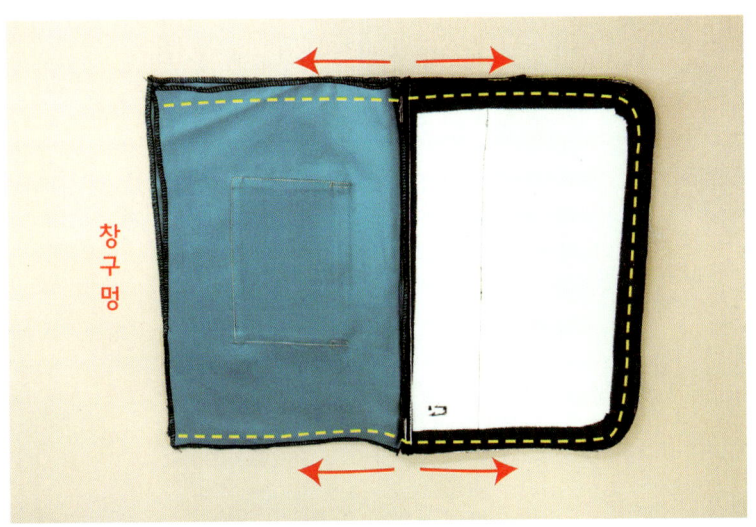

창구멍

03

사진과 같이 겉끼리 마주대고 시침핀으로 임시 고
정 한 후, 겉감의 옆선과 바닥부분을 시접 1cm로
박는다. 그리고 안감의 옆선만 시접 1cm로 박는다.
안감의 바닥부분은 창구멍으로 남겨둔다.

top tip

겉감의 옆선과 바닥부분을 먼저 박은 후, 다
시 안감의 옆선을 이어서 박으면 한 번에 박
을 때보다 원단도 덜 밀리고 도안의
'맞춤점'도 맞추기가 쉬우며 가방도 더
튼튼하답니다.

04

완성될 가장 사이즈와 같거나 약간 작은 크기의
플라스틱 가방 밑판을 준비한다.

05

박지 않았던 안감 바닥부분을 창구멍으로 이용하여 가방을 뒤집어 다린 후, 준비된 가방 밑판을 창구멍으로 넣는다.

06

안감의 바닥부분을 시접 1cm로 접어 다린 후, 시접 0.2cm로 박아 창구멍을 막는다. 창구멍을 막은 안감을 가방 속으로 넣어주면 창구멍이 가방의 바닥부분이 되므로 잘 보이지 않게 된다.

07

어깨끈용 체인 핸들을 달아주면 완성.

응용작

2012 AMBD Yokohama 일본전 출품작

2014 하이난 예술대학 초청 국제의상전 출품작

9장
트렌디 아일렛 숄더백

9.
Eyelet Shoulder Bag

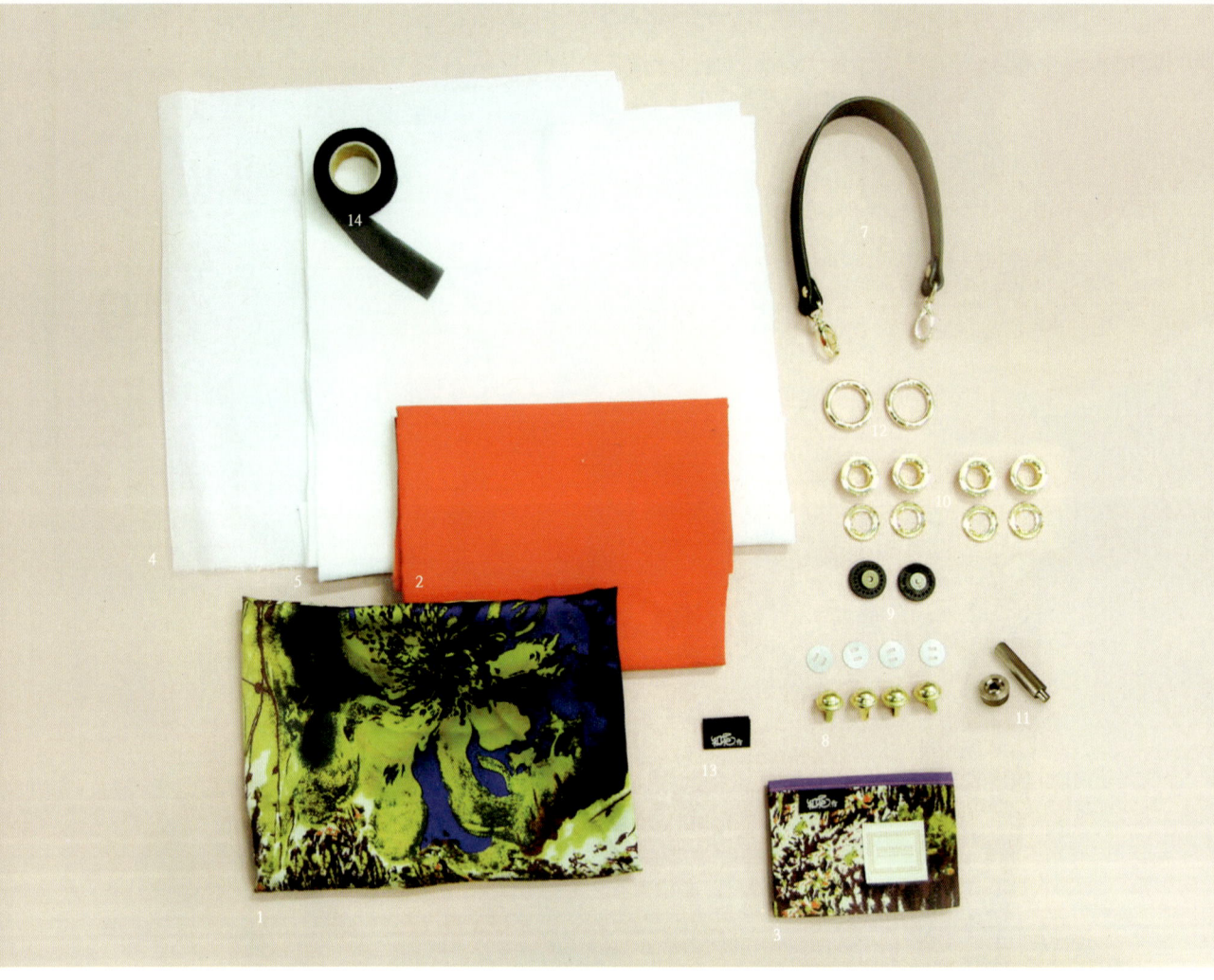

<hr />

재료

1 겉감
: 몸판 (38cm x 38cm) 2장 , 바닥판 (33cm x 15cm) 1장
2 안감
: 몸판 (38cm x 38cm) 2장, 바닥판 (33cm x 15cm) 1장
3 속주머니용
: (14cm×20cm) 1장, 너비1cm 바이어스 테이프 약 14cm
4 하드심지
: (몸판과 같은 사이즈) 2장, 바닥판 (33cm x 15cm) 1장
5 4온스 접착 솜심지
: (완성사이즈) 몸판2장, 바닥판 (완성사이즈) 1장

6 플라스틱 바닥판: (33cm x 15cm) 1장
7 숄더백용 핸들: 1개
8 가방발: (22mm) 4개
9 여밈용 스냅버튼: 1쌍
10 아일렛: (32mm) 4쌍
11 32mm용 손하도메: (밑판, 기둥), 망치
12 오픈형 'O'링: (30mm) 2개
13 장식용 라벨(선택사항)

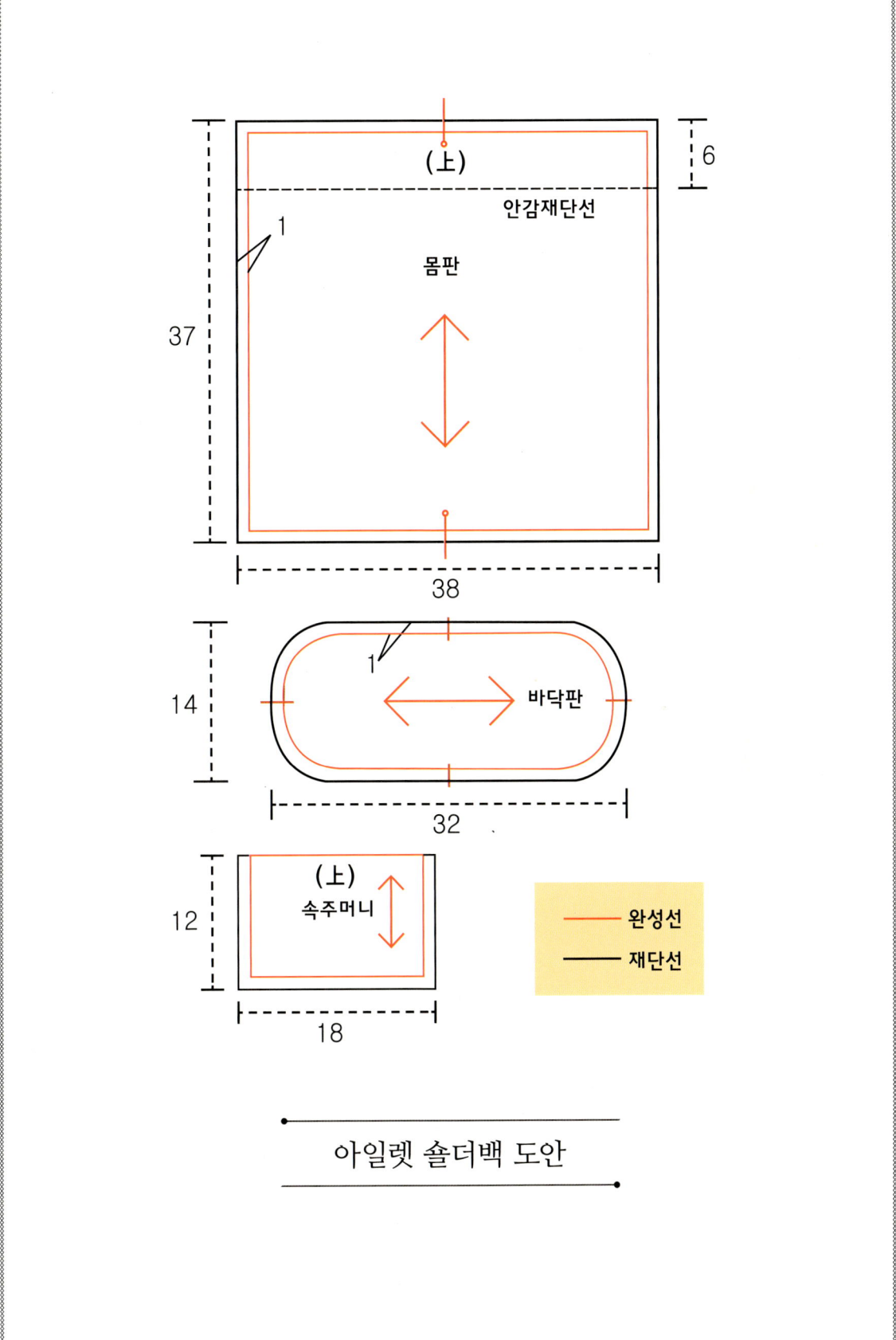

(上)

안감재단선

6

1

몸판

37

38

1

바닥판

14

32

(上)
속주머니

12

18

완성선
재단선

아일렛 숄더백 도안

167

원단소요량

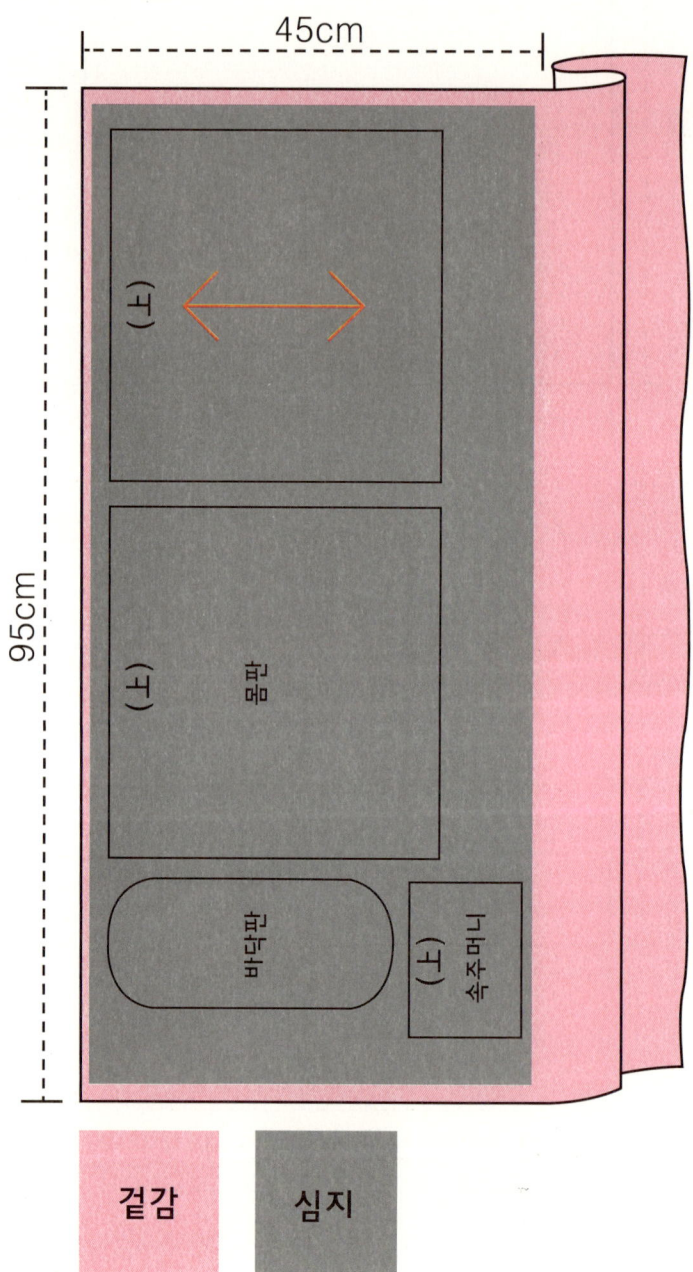

45cm

95cm

(고)

몸판

(고)

덮개

(고)
속주머니

겉감   심지

168

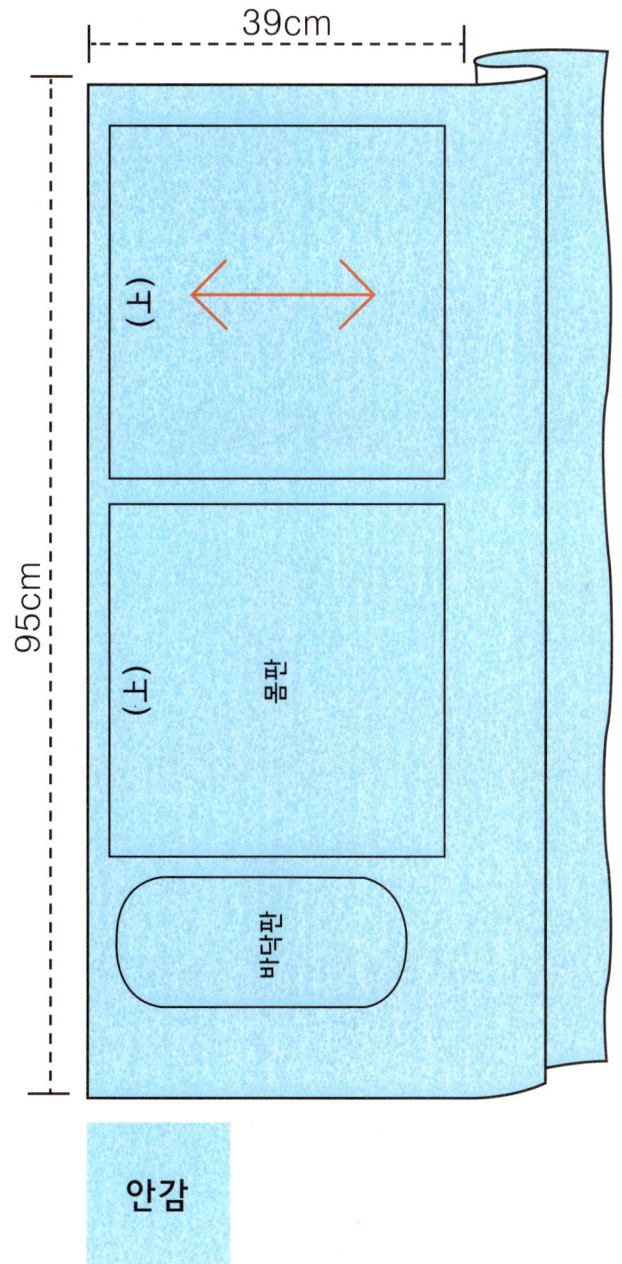

39cm

95cm

(구)

(구)

몸판

밑바닥

안감

1 도안그리기

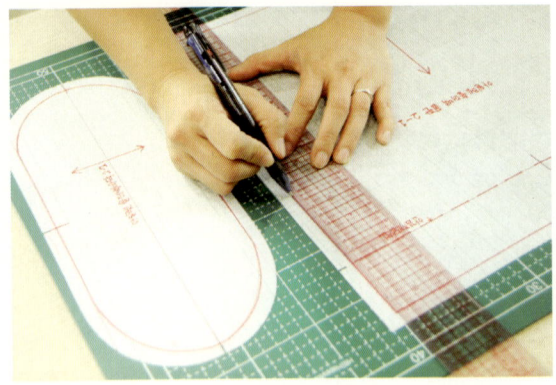
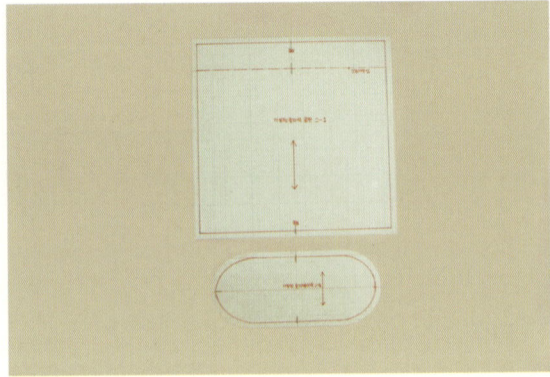

01

도안을 그린다.

2 겉감 재단과
솜심지 부착

01

가재단 된 겉감과 하드심지의 안끼리 마주대고 붙인다.

02

도안을 대고 재단한다.

03

하드심지를 붙인 겉감을 재단한 모습.

04

하드심지를 붙여 재단한 몸판과 '완성사이즈'로 재단한 4온스 접착 솜심지를 안끼리 마주대로 붙인다.

05

접착된 솜심지의 테두리가 떨어지지 않도록 솜고정용 접착테이프를 다림질로 붙여 한번 더 고정시킨다.

01

겉감과 같은 방법으로 가재단 된 안감을 재단한다.

02

몸판용 안감 2장과 바닥용 안감 1장, 속주머니를
재단한 모습. 〈속주머니 만드는 방법 p.135 참고〉

03

안감과 속주머니를 각각 반으로 접어 중심점을 표
시한다.

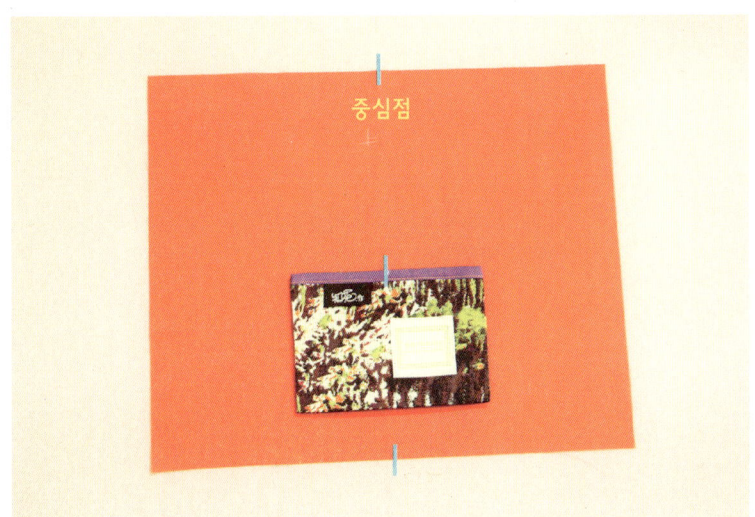

중심점

04
- -

안감의 겉쪽 중앙에 속주머니를 임시고정 한 후, 입
구부분을 제외하고 'ㄷ'자형으로 박는다.

05
- -

시접 0.2cm로 상침하며, 속주머니 입구의 모서리
는 삼각형으로 튼튼하게 박는다.

4 가방발 달기

01

4온스 솜심지를 부착한 바닥용 겉감과 가방발을 준비한다.

02

몸판과 연결될 바느질선을 고려하여 가방발이 달릴 4군데를 표시한다.

03

'─'자용 실뜯개를 이용하여 표시된 위치를 컷팅한다.

04

가방발을 맞추어 끼운다.

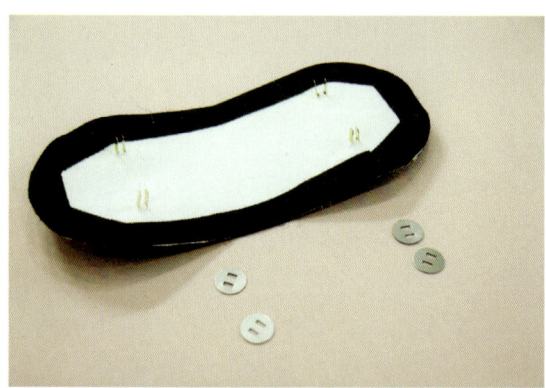

05

가방발 4개를 꽂은 안쪽의 모습

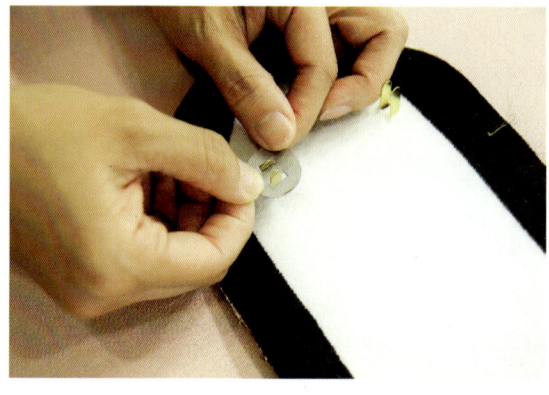

06

가방발이 잘 고정되도록 맞추어 끝까지 끼운다.

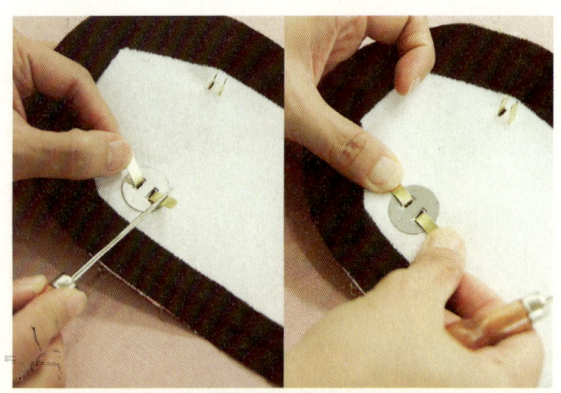

07

송곳을 이용하여 벌린 후, 평평하게 편다.

08

가방발을 모두 단 안팎의 모습.

09

바닥판의 시접을 1cm로 접어 다린다.

10

시접을 접어다린 모습

top tip

곡선부분을 박을 때에는 완성선에 맞춰 시접을
미리 다린 후, 시침질을 하고 작업을 하면 봉
제하기가 좀 더 편하답니다.

5 안팎 연결하기

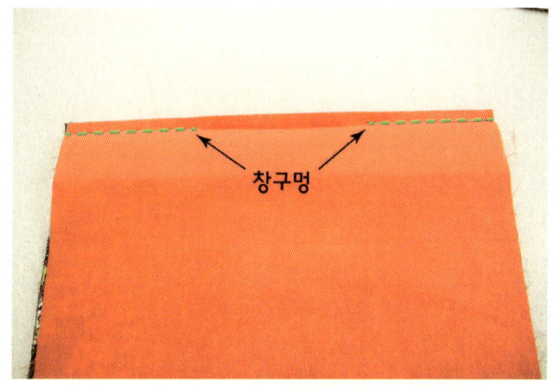

01

겉감과 안감을 겉끼리 마주대고, 가방 입구가 될 부분을 시접 1cm로 박는다. 같은 방법으로 나머지 겉감과 안감도 박는다. 이때 가운데 창구멍(약15cm)을 남긴다.

창구멍

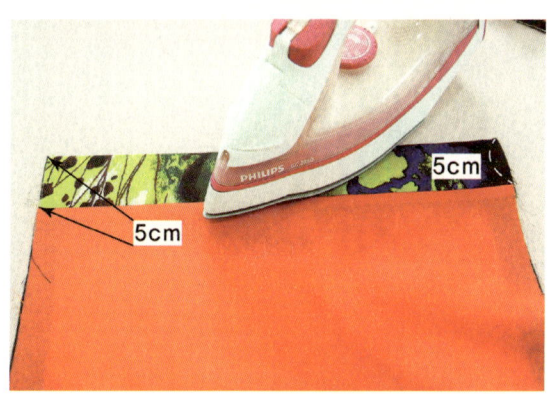

02

입구가 될 부분의 안단을 5cm로 접어 다린다.

5cm
5cm

03

입구의 안단 가운데에 '여밈용 스냅버튼' 1쌍을 각각 손바느질(온박음질)한다.

04

여밈용 스냅버튼 1쌍은 단 모습.

top tip

손바느질로 스냅버튼을 달 때, 뒷면은 겉감의 겉면이 아니라, 솜심지가 달린 안쪽이어야 합니다. 즉 접어다린 안단을 다시 펴서 손바느질을 해야 하며, 가방이 완성된 후에는 손바느질 된 뒷모습이 겉에서 보이면 안돼요.

05

겉끼리 마주대고 시침핀으로 고정한다.

06

옆선을 시접1cm로 박는다.

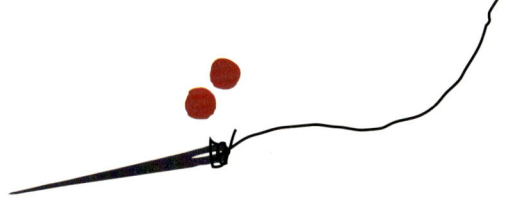

07

조금 더 두꺼운 겉면을 먼저 박으면 봉제 시 덜 밀린다.

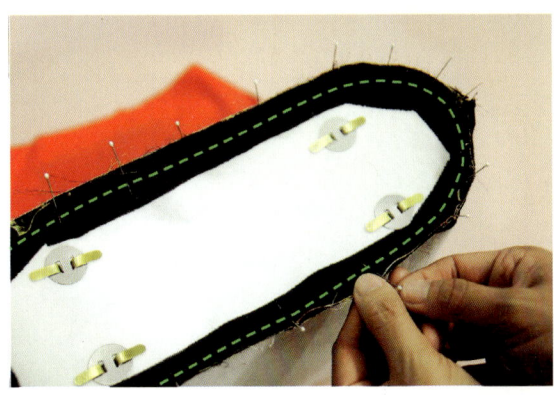

08

시접을 다려놓은 겉감 바닥판을 시침핀이나 시침질로 임시고정 한다.

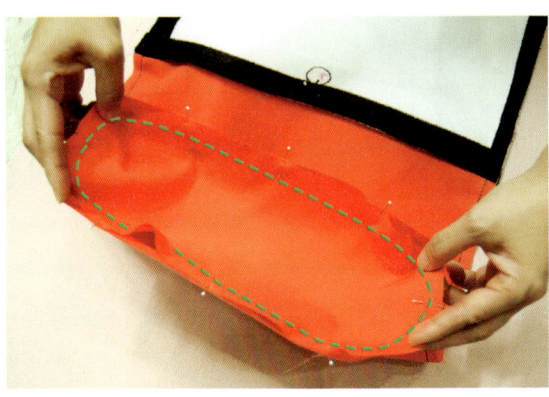

09

안감 바닥판도 시침핀이나 시침질로 임시고정한다.

10

사진과 같이 안팎의 바닥판을 시접1cm로 박는다.

11

창구멍을 통해 뒤집는다.

12

창구멍으로 뒤집은 모습. 안감을 겉가방 안으로 넣은 후, 가방입구의 접힌 안단선을 다시 다린다.

13

바닥판의 완성 사이즈로 잘라놓은 '플라스틱 가방밑판'을 창구멍을 통해 넣어서 가방의 바닥부분에 오도록 한다.

14

창구멍의 시접을 정리하여 접어 다린다.

15

안감을 손바느질(공그르기)하여 창구멍을 막는다.

16

가방 입구부분을 시접0.2cm로 상침한다.

6 손잡이 연결용 아일렛 달기

01

아일렛(+)을 대고 뚫을 곳을 표시한다.

02

가위로 아일렛이 들어갈 구멍을 뚫어 오린다.

03

아일렛(+)을 끼운다.

04

아일렛(-)으로 덮는다.

05

'손하도메 밑판' 위에 올려놓는다.

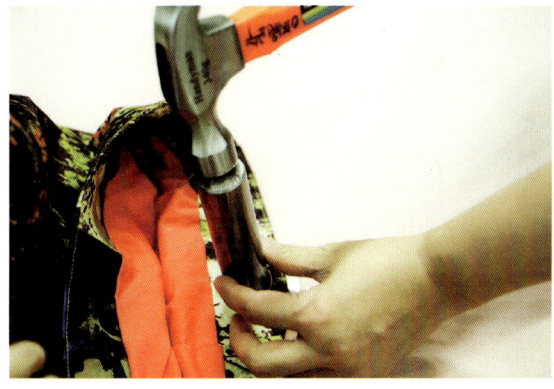

06

'손하도메 기둥'을 구멍에 수직으로 맞춘 다음,
망치로 두세 번 두드린다.

top tip

너무 강하게 치면 아일렛이 찌그러질 수 있
으니 주의하세요.

07

아일렛이 완성된 모습. 같은 방법으로 앞면 2개,
뒷면 2개, 총 4쌍의 아일렛을 단다.

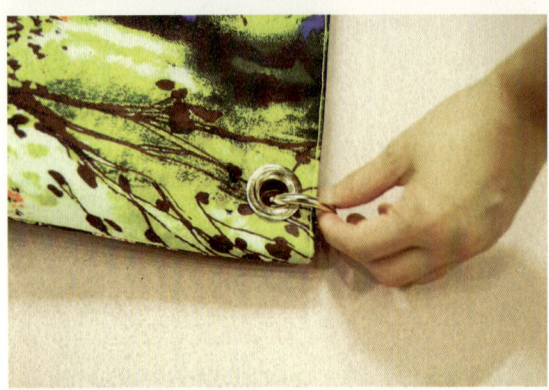

08

아일렛 2개를 한 번에 오픈형 'O링'(30mm)으로
연결한다.

09

'O링'에 숄더백용 핸들을 연결한다.

10

나머지 한쪽의 핸들도 같은 방법으로 연결한다.
(완성된 모습)

10장

유니크 백

10.
Unique Bag

재료

1 겉감: 몸판(40cm x 36cm) 1장, 옆판(17cm x 16cm) 2장
2 안감: 몸판(40cm x 36cm) 1장, 옆판(17cm x 16cm) 2장
3 속주머니용: (14cm×20cm) 1장, 너비1cm 바이어스 테이프 약 14cm
4 하드심지: (몸판과 같은 사이즈) 1장, 옆판(17cm x 16cm) 2장
5 4온스 접착 솜심지: (완성사이즈) 몸판1장, 옆판(완성사이즈) 2장
6 플랫 토트용 핸들 1개
7 (선택사항) 장식용 라벨, 숄더백연결용 고리 1쌍, 숄더용 핸들 1개, 가죽전용 봉제사

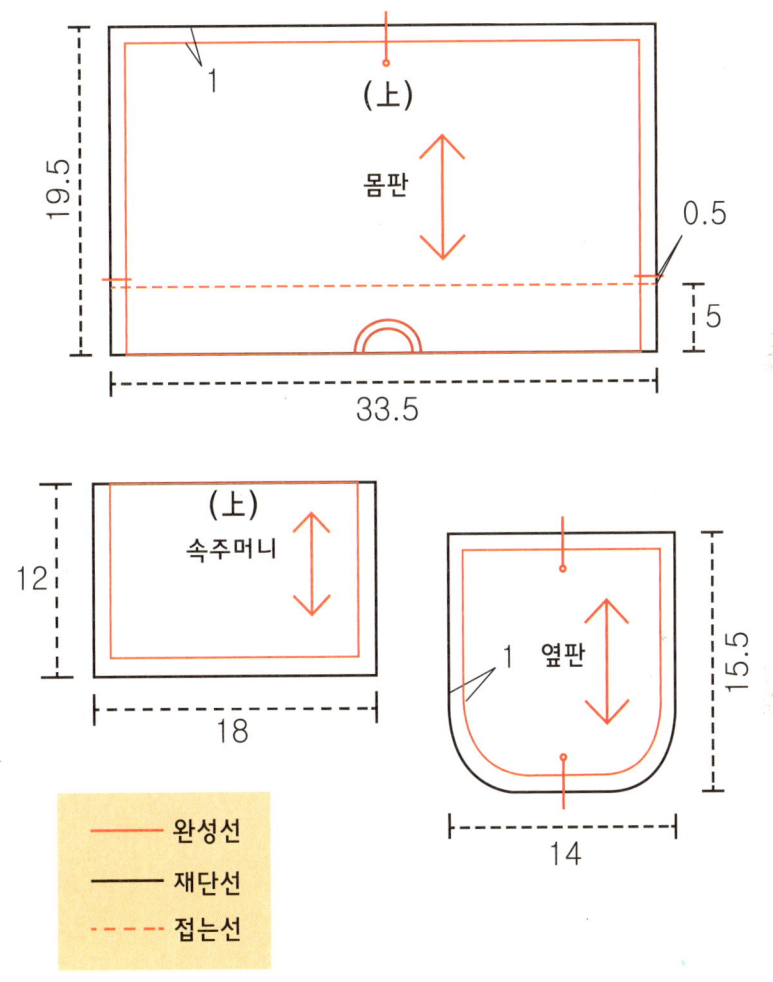

몸판

(上)

19.5

33.5

1

0.5

5

(上)
속주머니

12

18

옆판

1

15.5

14

완성선
재단선
접는선

유니크 핸드백 도안

원단소요량

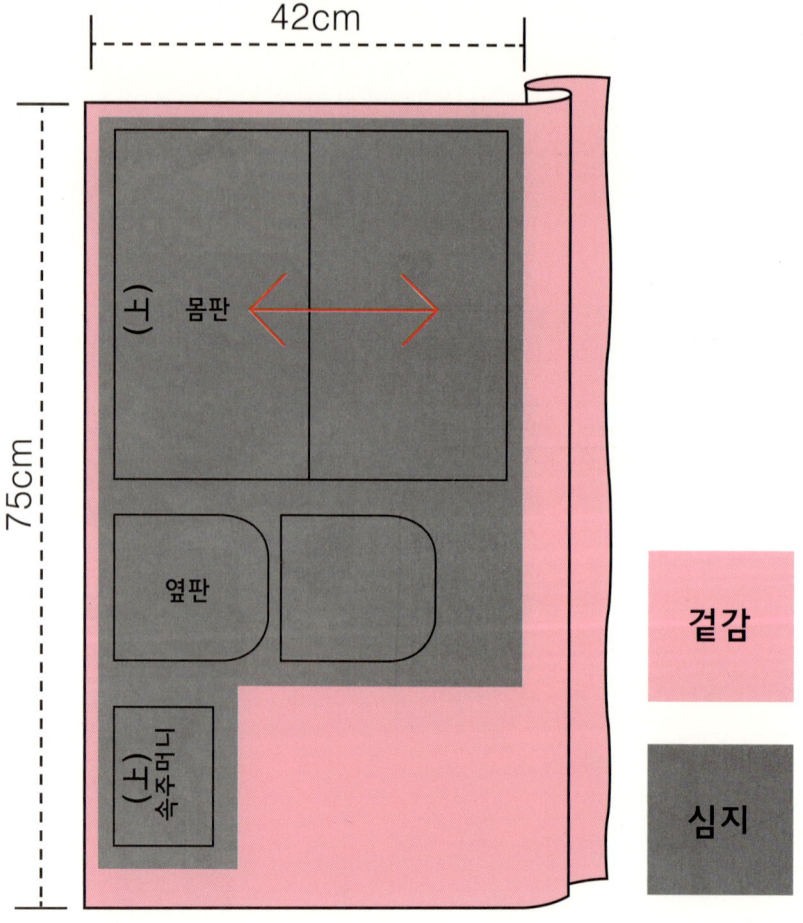

42cm

75cm

(上)
몸판

옆판

(上)
속주머니

겉감

심지

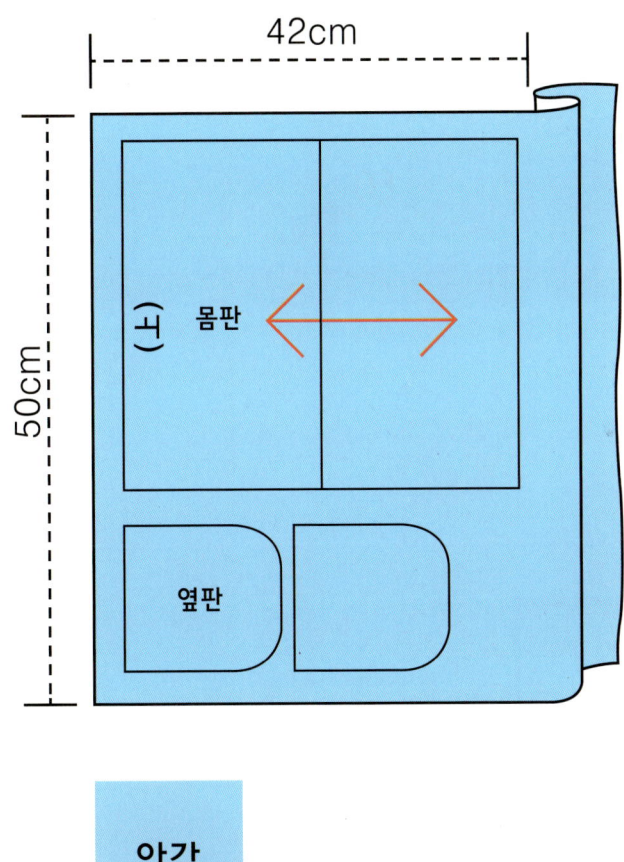

42cm

50cm

(골)

몸판

옆판

안감

1 도안그리기

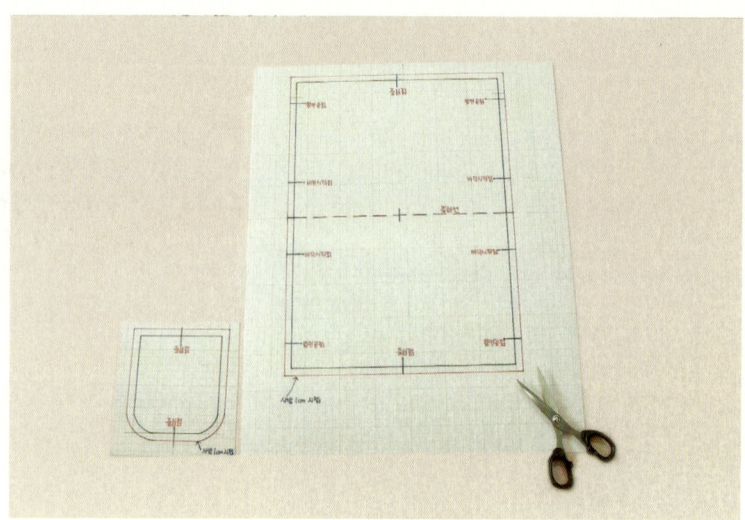

01

도안을 그린다.

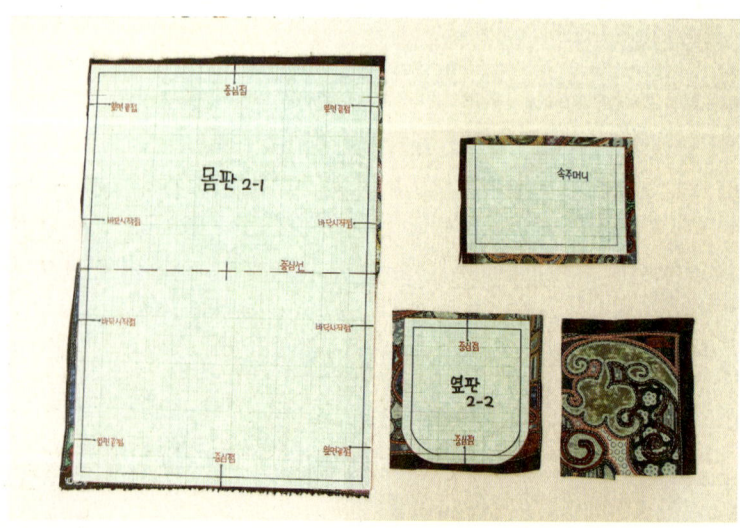

02

겉감을 가재단한다.

2 겉감 재단과
솜심지 부착

01

가재단 된 겉감과 하드심지의 안끼리 마주대고 붙
인다.

02

도안을 대고 그린 후, 본 재단을 한다.

03

하드심지를 붙인 겉감을 재단한 모습. 몸판 1장, 옆
판 2장.

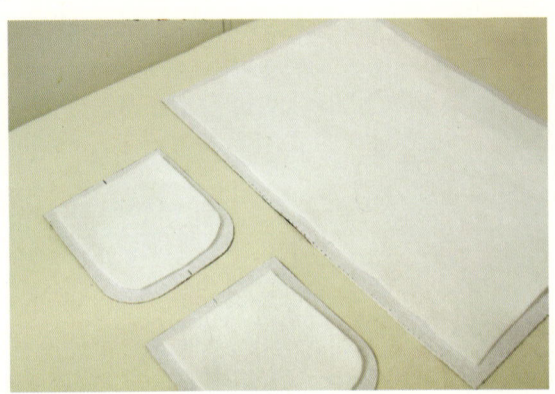

04

하드심지를 붙여 재단한 몸판과 '완성사이즈'로
재단한 4온스 접착 솜심지를 안끼리 마주대로
붙인다.

05

접착된 솜심지의 테두리가 떨어지지 않도록 솜고
정용 접착테이프를 다림질로 붙여 한번 더 고정시
킨다.

3 안감재단과
속주머니 달기

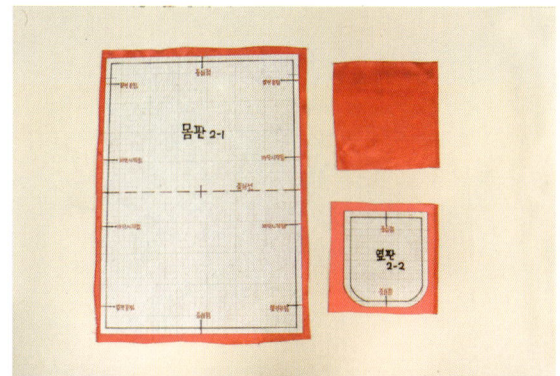

01

같은 방법으로 안감을 가재단한다.

02

몸판용 안감 1장과 옆판용 안감 2장, 속주머니를
재단한다. 〈속주머니 만드는 방법 p.135 참고〉

03

안감 몸판 1장, 옆판 2장, 속주머니.

중심점

04

안감과 속주머니를 각각 반으로 접어 중심점을 표시한다. 〈9장 3-03 참고〉

05

속주머니의 입구부분을 제외하고 'ㄷ'자형으로 박는다. 시접 0.2cm로 상침하며, 속주머니 입구의 모서리는 삼각형으로 튼튼하게 박는다.

top tip

이 책에서 설명하는 샘플처럼 안감이 얇거나, 올이 잘 풀리는 원단을 사용할 때에는 안감의 시접을 미리 오버록을 해 줍니다.

4 속가방 만들기

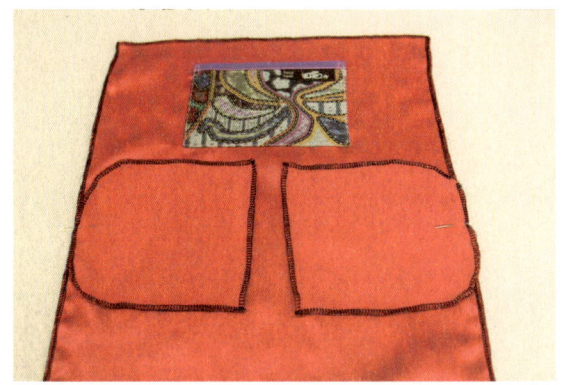

01

안감 몸판과 옆판을 겉끼리 마주대고 사진과 같이 옆판 바닥의 중심점을 맞추어 임시고정한다.

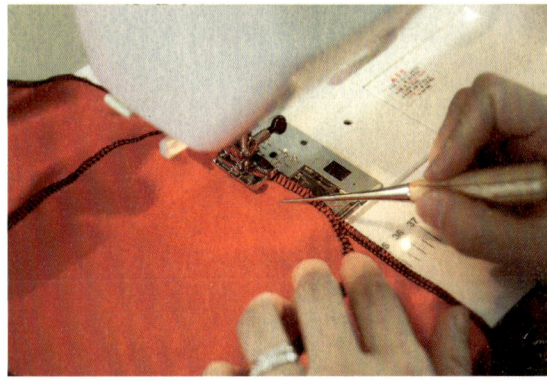

02

옆판의 중심부터 시작해서 시접 1cm로 박는다.

03

옆판의 곡선대로 몸판과 연결한 모습. 가방 입구 부분은 약 1cm 덜 박는다.

04

나머지 한쪽의 옆판도 몸판에 시접 1cm로 박
는다.

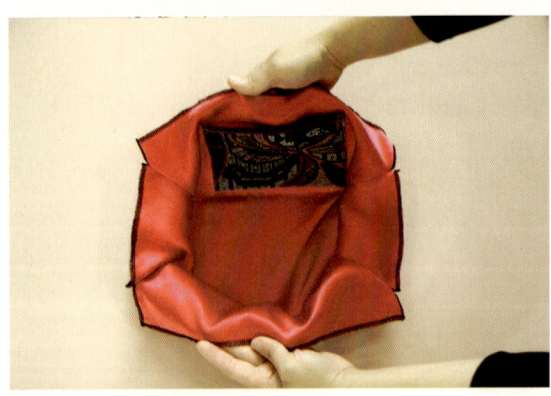

05

완성된 속가방의 모습.

06

옆판의 입구부분을 시접 1cm로 접어 다린다.

5 겉가방 만들기

01

겉감 몸판과 옆판을 겉끼리 마주대고 사진과 같이
옆판 바닥의 중심점을 맞추어 임시고정한다.

02

옆판의 중심부터 시작해서 시접 1cm로 박는다.

03

옆판의 곡선대로 몸판과 연결한 모습. 가방 입구
부분은 시접 약 1cm 덜 박는다.

04

나머지 한쪽의 옆판도 몸판에 시접 1cm로 박는다.

05

완성된 겉가방을 뒤집어 시접을 도안대로 접어 정
리하면서 다린다.

06

뒤집어서 다린 겉가방의 안쪽 모습.

07

숄더백 용 연결 고리를 손바느질(온박음질)한다.
(선택사항)

top tip

장식용 부자재는 안팎 연결 전에 겉감에
작업하여야만 가방이 완성된 후에 손바느질
된 뒷모습이 안감에 가려지게 되어
깔끔하답니다.

08

숄더백 용 연결 고리가 달린 안팎의 모습.

6 안팎 연결하기

01

만들어 놓은 겉가방 안에 속가방을 넣고 임시 고정한다.

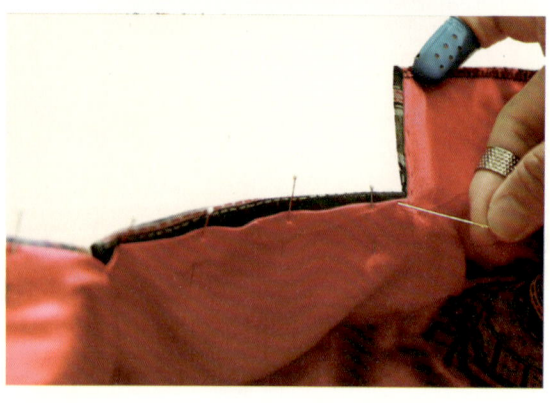

02

가방입구의 직선부분은 오버록이나 지그재그로 박고, 옆판부분은 사진과 같이 겉감이 약간 더 보이도록 안팎을 '공그르기'로 손바느질한다.

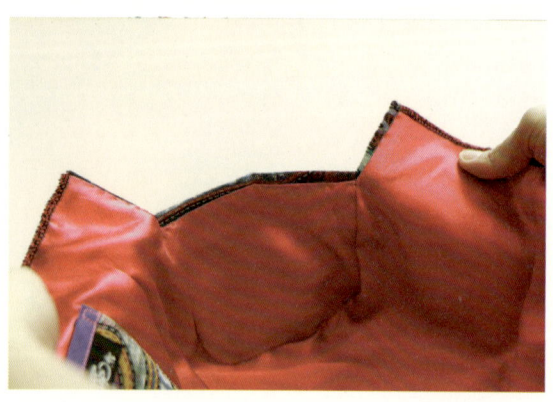

03

'공그르기'로 안팎이 연결된 모습.

04

준비된 토트용 핸들을 벌려서 가방의 입구부분을 끼운다.

05

토트용 핸들을 끝까지 밀어서 끼운다.

06

시침질로 임시고정한다.

07

'온박음질'로 핸들을 고정한다.
〈12장 8-01 가죽 바이어스 마감처리 참고〉

top tip

시침질을 해도 원단이 핸들 사이에서 빠지
는 수가 있어요. 가죽 핸들 사이에 가방 입구
부분이 끼워져 있는지 확인하면서 손바느질하
세요. 시판되는 가죽 핸들의 구멍이 너무 작을
때에는 송곳으로 미리 구멍을 뚫은 후에 손바느질
하세요. 가죽전용 바늘과 골무를 사용하면 작
업의 능률이 향상됩니다.

08

완성된 앞, 뒤 모습.

완성작

2013 제1회 이지원 개인전 출품작 中

11장
럭셔리 토트백

11.
Luxury Tote-Bag

재료

1 겉감: 몸판(38cm x 38cm) 1장, 옆판(33cm x 15cm) 2장,
　　지퍼마감용(바이어스방향 재단) 4장
2 안감: 몸판(38cm x 38cm) 2장, 옆판(33cm x 15cm) 2장
3 속주머니용: (14cm×20cm) 1장,
　　너비 1cm 바이어스 테이프 약 14cm
4 하드심지: 겉감과 같은 사이즈 몸판 1장, 옆판 2장
5 4온스 접착 솜심지: (완성사이즈) 몸판1장,
　　옆판(완성사이즈) 2장

6 너비1cm 파이핑 테이프 약 80cm
7 플라스틱 가방밑판: (32cm x 15cm) 1장
8 토트백용 가죽핸들과 지퍼잡이: 1쌍
9 30cm지퍼
10 가방발: 1쌍(2개)
11 솜고정용 접착테이프
12 가죽전용 봉제사
13 장식용 라벨: (선택사항)

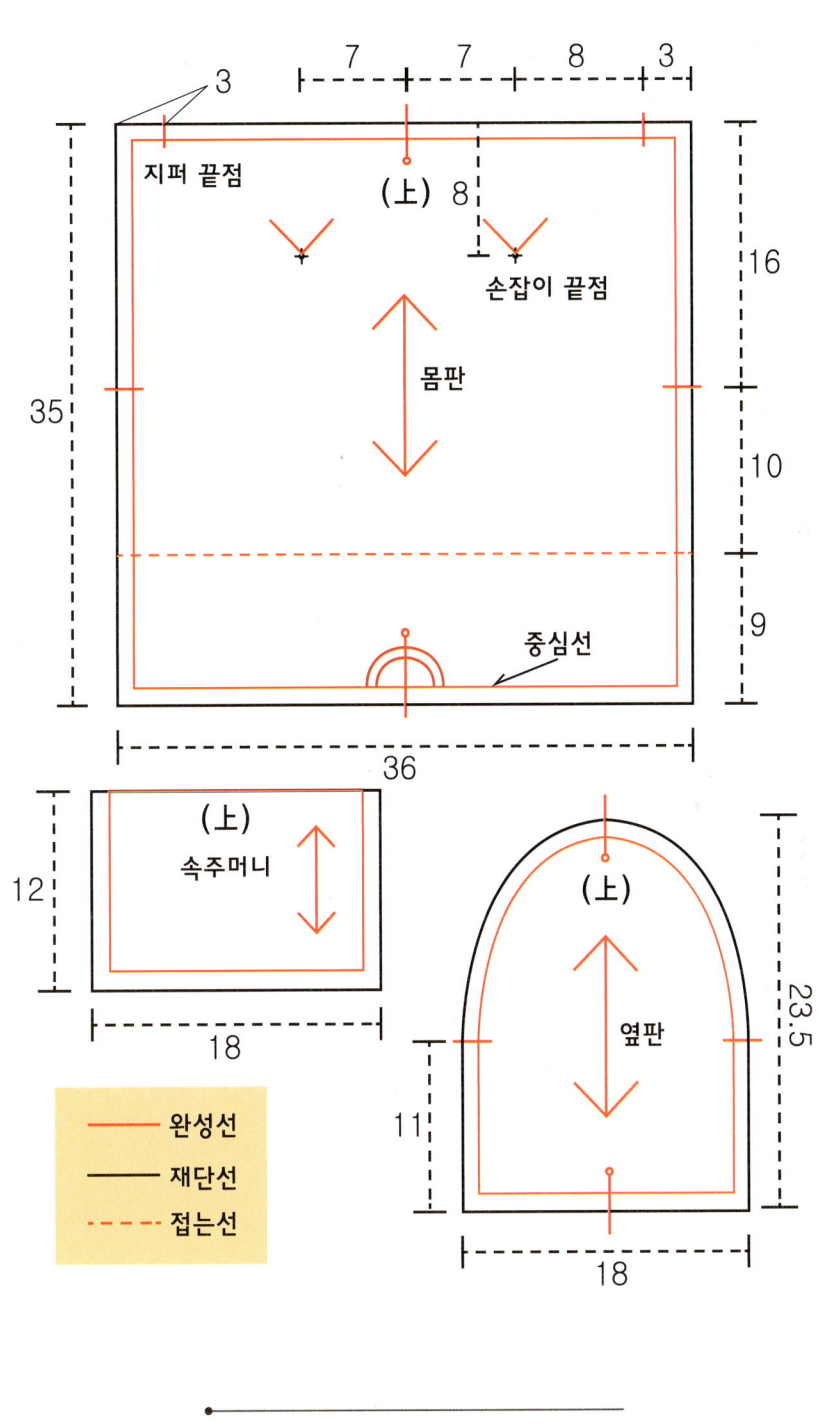

7 7 8 3

3

지퍼 끝점

(上) 8

16

손잡이 끝점

몸판

35

10

9

중심선

36

(上)

속주머니

12

18

(上)

옆판

23.5

11

18

완성선
재단선
접는선

럭셔리 토트백 도안

209

원단소요량

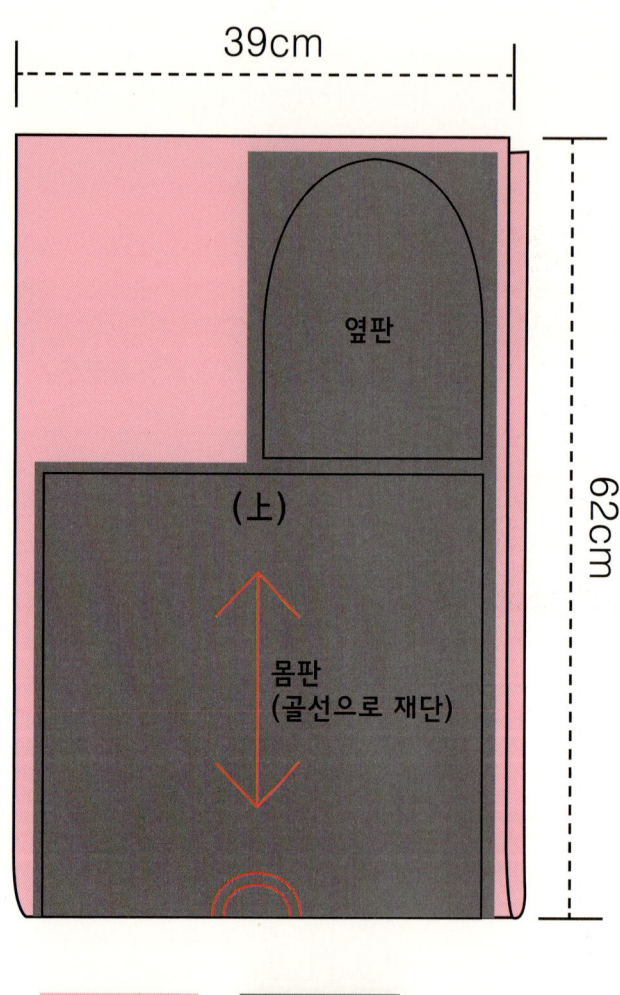

39cm

62cm

옆판

(上)

몸판
(골선으로 재단)

겉감　　심지

210

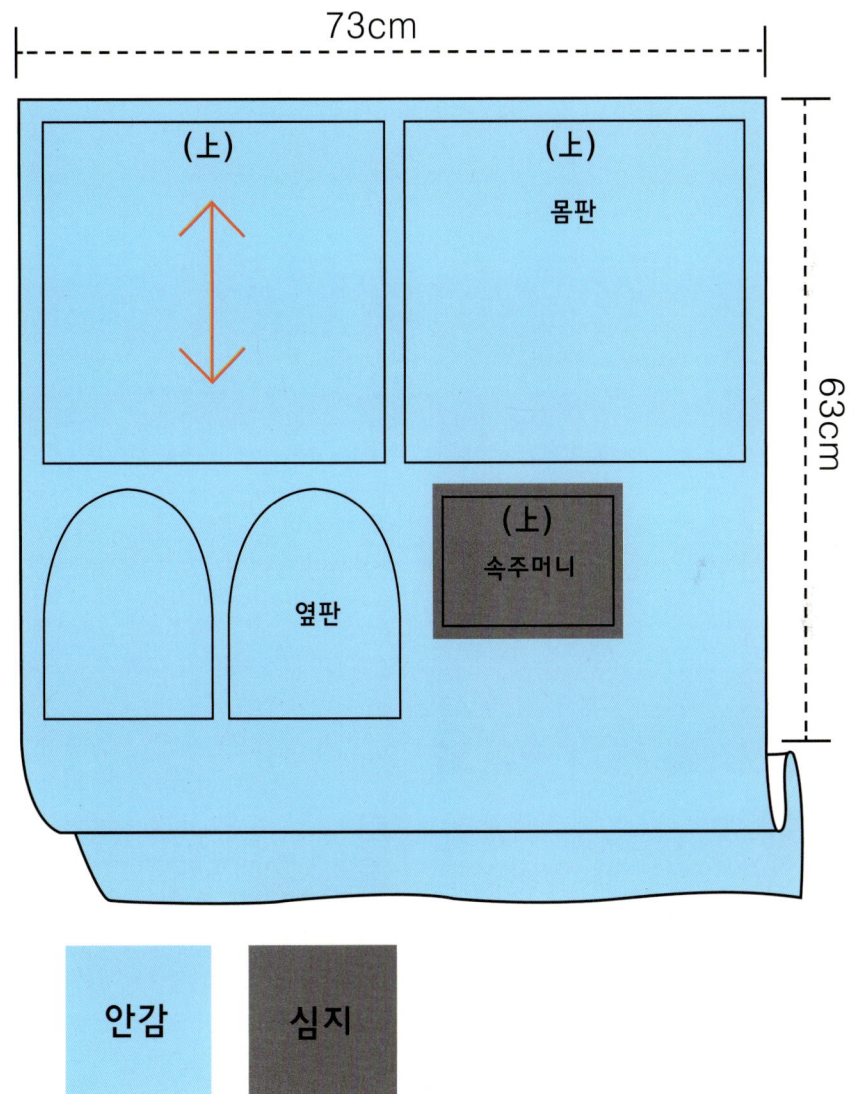

73cm

63cm

(上)

(上)
몸판

(上)
속주머니

옆판

안감   심지

1 도안 그리기

01

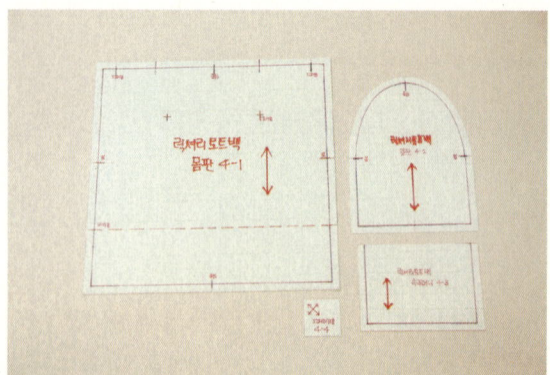

도안을 그린다.

02

가재단 된 겉감과 하드심지의 안끼리 마주대고 붙인 후, 도안을 대고 그린다. 겉감의 몸판은 바닥의 중심선이 골선이므로 1장으로 그린다.

03

겉감을 재단한다. 몸판1장, 옆판2장, 지퍼마감용(바이어스방향 재단) 4장.

01

하드심지를 붙인 겉감을 재단한 모습.

02

하드심지를 붙여 재단한 몸판과 옆판에 '완성사이즈'로 재단한 4온스 접착 솜심지를 안끼리 마주대로 붙인다. 솜 고정용 접착테이프를 이용하여 한 번 더 고정시킨다.

03

시접을 오버록을 한다.

213

04

가방발을 몸판의 바닥부분 중심선을 맞추어 손
바느질(온박음질)로 단다.

---

3 안감 재단과
속주머니 달기

01

안감용 원단을 다린다.

02

안감 위에 도안을 대고 초크펜으로 그린다. 안감의
몸판은 바닥부분이 '골선재단'이 아니라 시접 1cm
가 포함된 재단선을 그려서 자르므로, 같은 크기로
2장을 작업해야 한다.

03

안감을 재단한다(몸판2장, 옆판2장). 너치표시가
된 곳에 가윗밥을 준다.

04

재단된 안감 시접을 오버록 한다.

05

몸판용 안감 2장과 옆판용 안감 2장, 속주머니
를 재단한 모습.
〈속주머니 만드는 방법 p.135 참고〉

06

안감 몸판 2장의 입구부분(上 방향)을 사진과
같이 시접 1cm로 접어 다린다.

07

안감과 속주머니를 각각 반으로 접어 중심점을 표시한 후, 중앙에 속주머니를 임시고정하고 입구부분을 제외하고 'ㄷ'자형으로 박는다.
〈안감에 속주머니 다는 방법 p. 173 참고〉

08

시접 0.2cm로 상침하며, 속주머니 입구의 모서리는 삼각형으로 튼튼하게 박는다.

4 지퍼 마감과
안감 연결하기

01

지퍼를 여닫으면서 시접부분이 펴지도록 잘 다린다.

02

재단된 지퍼마감용 원단의 한쪽 면을 1cm로 접어 다린다.

03

지퍼마감위에 지퍼를 맞추어놓고 임시고정 한다.

04

지퍼마감용 원단을 덮은 후 시접0.2cm로 상침 한다.

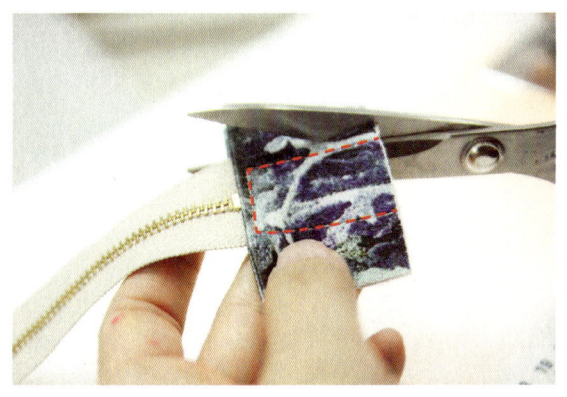

05

남은 시접부분을 자른다. 지퍼의 다른 한 쪽도 같은 방법으로 작업한다.

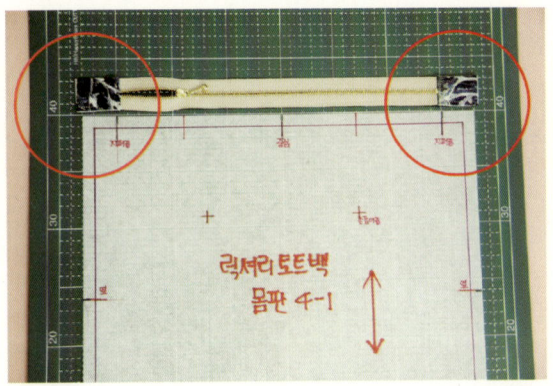

06

지퍼마감이 완성된 후, 도안을 이용하여 전체 지퍼의 길이를 다시 확인한다.

top tip

토트백의 지퍼마감은 겉감의 원단과 같은 원단을 사용하는 것이 더 예뻐요. 지퍼마감은 항상 바이어스방향으로 재단하세요.

07

시접1cm로 접어 다린 안감의 입구부분(上)을 다시 편 후, 사진과 같이 지퍼시접을 시침핀으로 고정하고 시접 0.7cm로 박는다(지퍼고리의 방향 확인).

08

사진과 같이 펼쳐서 다린다(지퍼고리의 방향 확인).

09

다른 쪽의 안감도 같은 방법으로 박은 후, 펼쳐서
다린다(지퍼고리의 방향 확인).

10

안감과 지퍼가 연결된 안팎의 모습. 지퍼고리의 방
향으로 겉과 안을 구분한다.

5 지퍼로 안팎
연결 하기

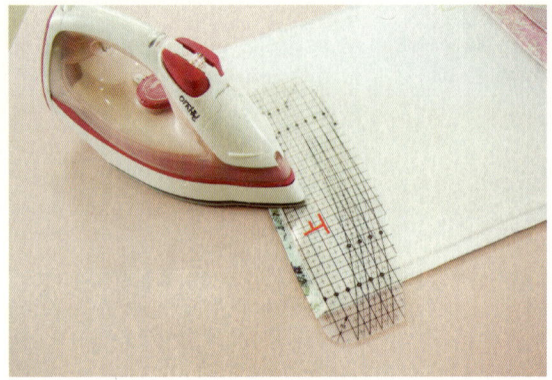

01

겉감의 몸판 입구부분을 시접 1cm로 접어 다린다.

02

사진과 같이 안감과 연결된 지퍼 위에 겉감의 입구부분을 맞추어 임시고정 한 후, 겉면에서 시접 0.2cm로 상침한다. 이때 밑실의 색상은 지퍼나 안감의 색상과 맞춰준다.

top tip

겉감과 지퍼를 연결하는 작업은 매우 까다로운 과정 중 하나이지요. 시접1cm로 접어다린 겉감의 시접에 패브릭용 양면테이프(5mm)를 붙인 후, 지퍼시접 위에 붙여서 봉제를 하면 좀 더 쉽게 작업할 수 있어요.

03

사진과 같이 겉감의 다른 한쪽도 연결된 지퍼위에 고정시킨다.

04

겉면에서 시접 0.2cm로 상침한다. 안감이 잘못 끼어 들어가지 않도록 주의하면서 봉제한다.

05

지퍼로 안팎이 연결된 모습.

06

옆에서 보면 원통 모양이 된다.

07

안감이 겉으로 보이도록 안팎을 뒤집는다.

08

지퍼로 안팎을 연결하는 작업이 끝난 후 뒤집으면,
사진과 같이 겉감은 원통모양의 한 조각으로 연결
되어있고 안감은 창구멍을 위하여 두조각으로 나
뉘어있다. 이 상태로 안감의 옆판부터 연결한다.

6 안감 옆판 연결하기

01

안감의 옆면에 안감옆판을 사진과 같이 시침핀이나 시침질로 고정시킨다.

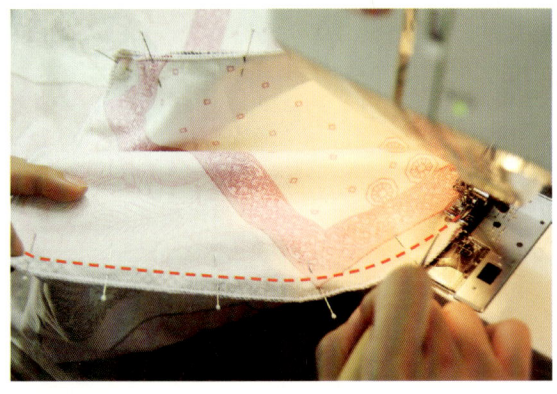

02

시접 1cm로 박는다.

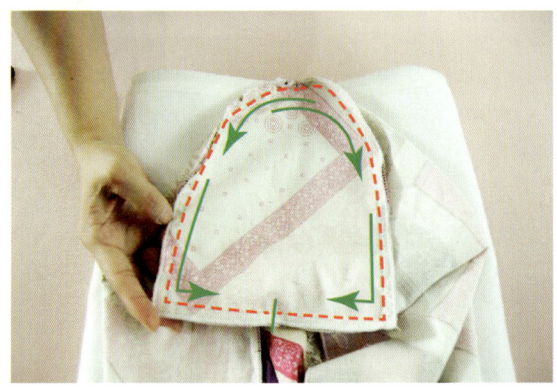

03

그림과 같이 두 방향에서 각각 시작하면서 박는다.

04

이때 겉감은 봉제되지 않아야하며, 안감의 옆판만 안감의 몸판과 연결이 되도록 박는다.

05

나머지 한 쪽 옆판도 같은 방법으로 연결한다. 안감의 바닥부분은 '창구멍'으로 남겨둔다.

창구멍

7 겉감 옆판 준비

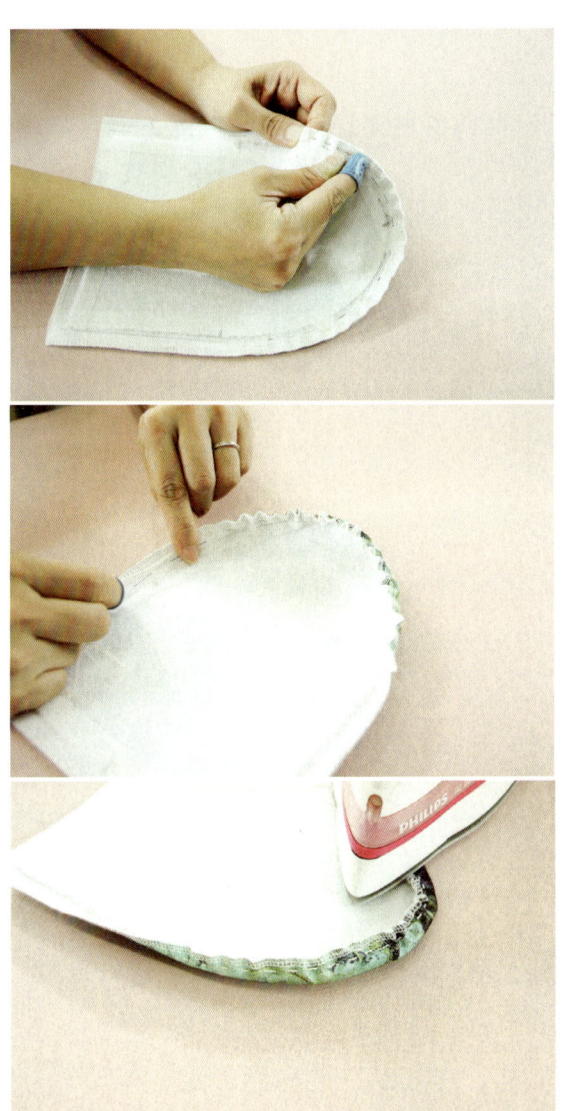

01

겉감 옆판의 곡선 시접부분을 홈질하여 오그려준다. 시접을 오그리면서 완성선대로 모양을 잡아 다린다.

top tip

곡선부분을 박을 때에는 미리 시접을 홈질하여 오그린 후, 완성선을 시침질하고 작업을 하면 봉제도 수월하고 모양도 훨씬 예뻐요.

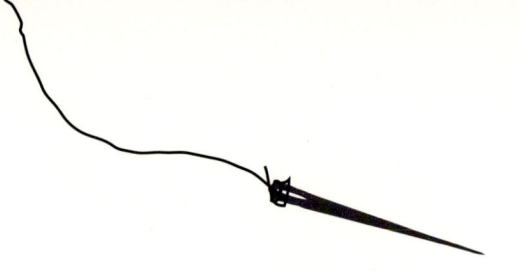

02

바닥부분도 시접 1cm접어 다린다.

03

뒤집어서도 잘 다린다.

04

너비 1cm 파이핑 테이프를 시접에 사진과 같이 임
시 고정한다.

05

땀수를 가장 크게 조절하여 시접 0.7cm로 겉감 옆판의 테두리에 박는다.

06

파이핑테이프의 시접부분을 안쪽으로 다린다.

07

옆판 2장의 테두리에 파이핑테이프를 단 모습.

8 겉감 옆판 연결하기

01

준비된 겉감 옆판과 몸판을 겉끼리 마주대고 시
접부분을 시침질하여 임시 고정한다.

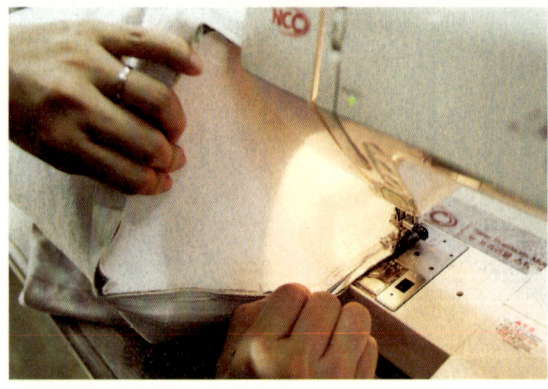

02

땀수를 가장 크게 조절하여 시접 0.7cm로 박는다.
이 때 지퍼마감부분부터 시작하여 바닥쪽으로 두
번에 나누어 박으며, 파이핑 테이프가 함께 봉제되
지 않도록 주의한다.

03

시접 1cm로 본봉제를 다시 한다.

top tip

본봉제를 할 때 실의 색상 파이핑 테이프의
색상과 동일하게 맞춰 주는 것이 예뻐요.

04

모서리부분의 시접을 접어서 잡은 후, 안감바닥의
창구멍을 이용하여 뒤집는다.

05

안감 바닥의 창구멍을 이용하여 뒤집으면, 사진
과 같이 가방 모양이 나타난다.

01

가방의 겉감에 손잡이를 달아줄 위치를 표시한
다(가죽 손잡이의 모서리가 옆판에서 10cm, 입
구지퍼에서 7cm 내려간 지점).

02

가죽전용 바늘과 실을 이용하여 손잡이를 '온박음
질'로 단다. 이때 바느질되는 뒷면은 안감이 아닌 겉
감의 솜심지가 되도록 창구멍사이로 손을 넣어 손
바느질한다.

top tip

안감의 창구멍을 통해 손잡이를 달아야만 완
성 후 가방 속에서도 손잡이를 바느질한 모습이
안보여요. 오른손잡이일 경우 왼쪽부터 손잡이를
달기 시작하는 것이 작업을 하기가 편해요.

03

손잡이를 단 후 안감바닥의 창구멍을 통해 본 모습. 창구멍을 막으면 안보이게 된다.

04

겉감 옆판의 중심부분에 지퍼잡이 장식을 같은 방법으로 손바느질한다.

05

두 개의 손잡이와 옆판의 지퍼잡이 장식을 모두 단 모습.

10 창구멍 막기,
밑판 만들기

01

안감 바닥 창구멍의 시접을 안쪽으로 보이지 않게 접어 넣어 다린 후, 시침핀이나 시침질로 고정한다.

02

안감 바닥의 창구멍을 시접 0.2cm로 상침한다.

03

봉제가 가능한 플라스틱 가방밑판을 바닥사이즈보다 약 0.5cm작게 자른다.

04

가방밑판보다 사방으로 약 4cm 큰 원단을 오버록
하여 준비한다.

05

가방밑판을 원단으로 감싸면서 임시 고정한다.

06

시접 1cm로 상침한다.

07

완성된 밑판을 바닥에 넣어 상침한 '창구멍'을 가린다.

08

완성된 토트백의 모습

응용작

2014 제44회 대한민국 공예품대전 특선 수상작 中

237

2013 제1회 이지원 개인전 출품작 中

12장
스탠다드 쇼퍼백

12.
Standard Shopper Bag

재료

1 겉감: 몸판(37cm x 53cm) 2장, 입구덮개용 (8cm x 36cm) 2장
2 안감: 몸판(37cm x 53cm) 2장
3 속주머니용: (14cm×20cm) 1장, 너비1cm 바이어스 테이프 약 14cm
4 하드심지: 겉감과 같은 사이즈 몸판 2장, 입구덮개용 2장
5 4온스 접착 솜심지: (완성사이즈) 몸판2장
6 플라스틱 가방밑판: (32cm x 14cm) 2장
7 쇼퍼백용 가죽핸들: 1쌍
8 쇼퍼백용 가죽 바이어스 테이프 약90cm

9 60cm 지퍼(가죽마감처리)
10 가방발(22mm): 1쌍(4개)
11 가죽전용 봉제사
12 솜고정용 접착테이프
13 장식용 라벨: (선택사항)

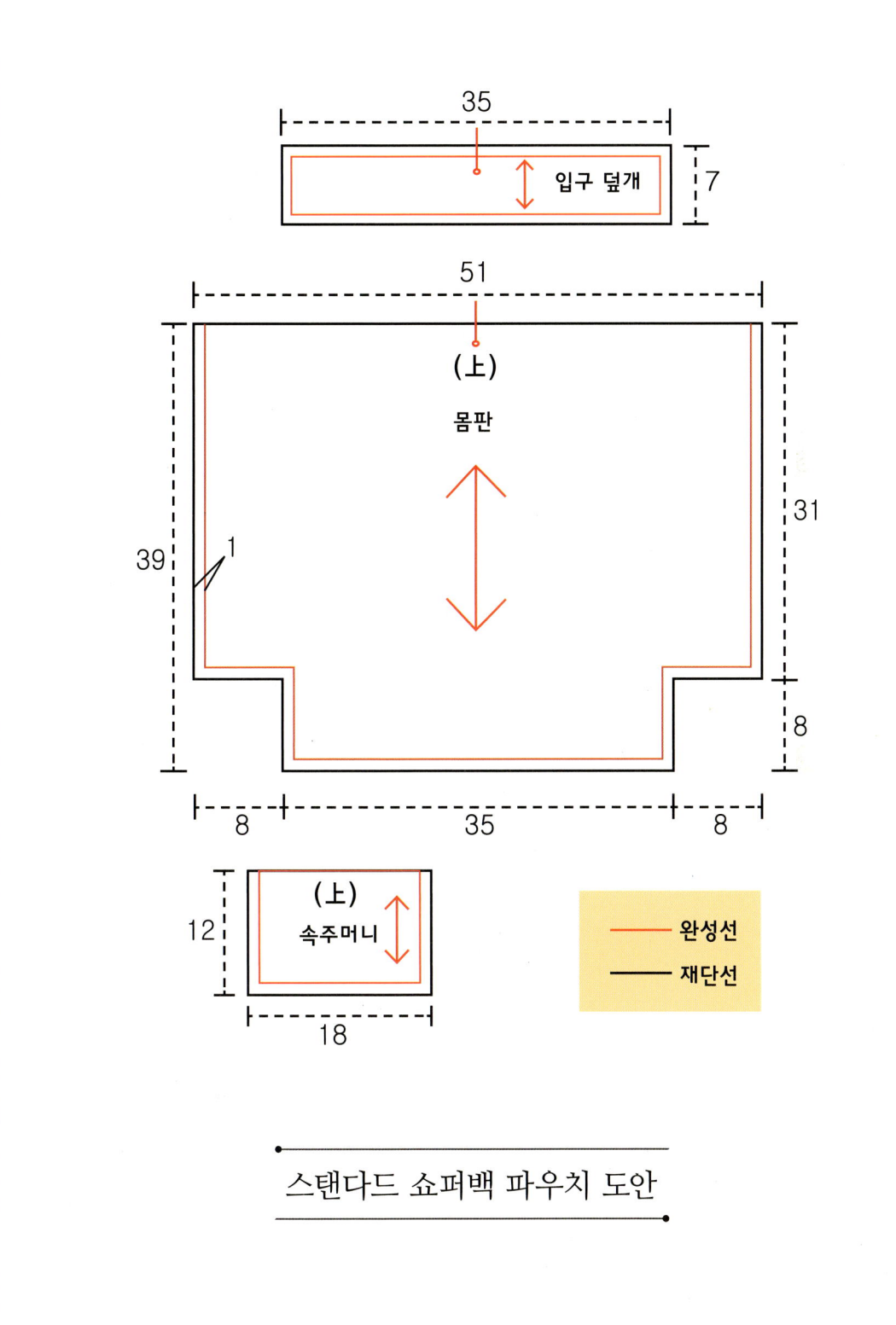

35

입구 덮개

7

51

(上)

몸판

39

1

31

8

8   35   8

(上)

속주머니

12

18

완성선

재단선

스탠다드 쇼퍼백 파우치 도안

✂

원단소요량

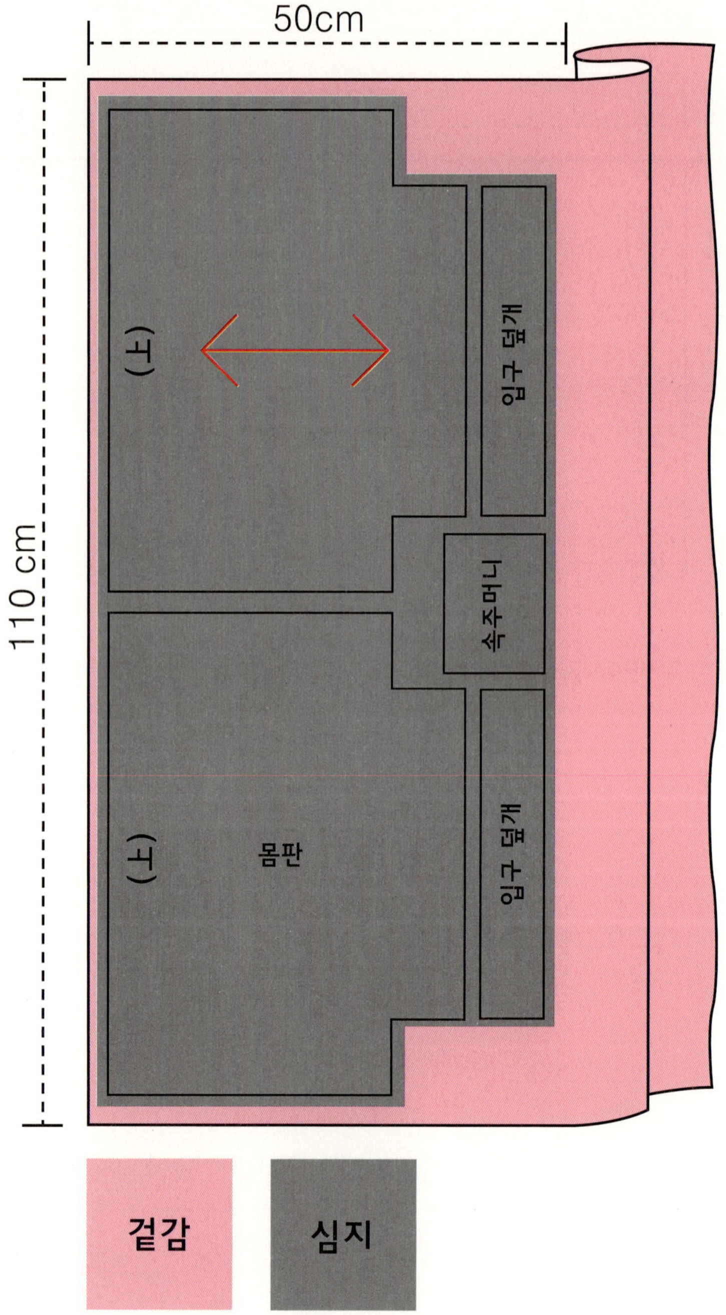

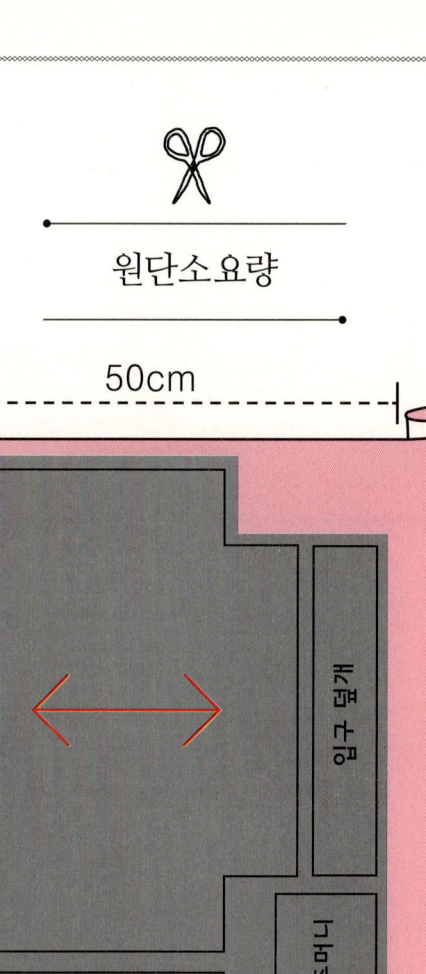

50cm

110 cm

몸판

(교)

(교)

양쪽 보정

속주머니

양쪽 보정

겉감

심지

42cm

110 cm

(노)

(노)

몸판

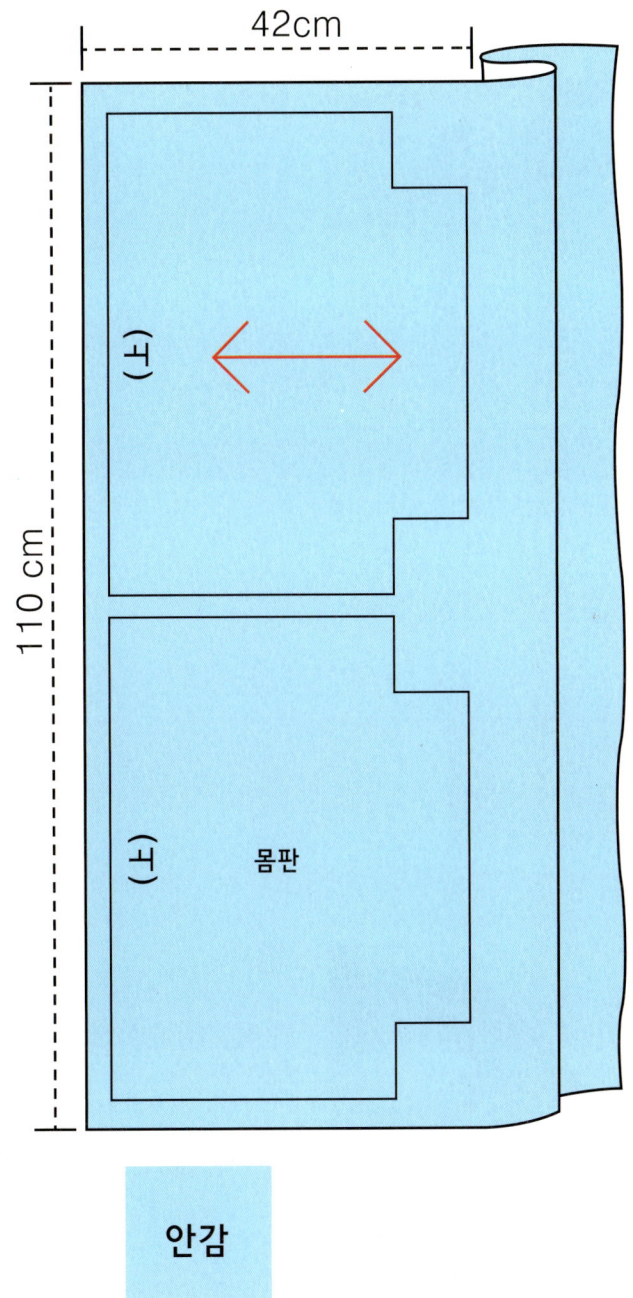

안감

1 도안 그리기

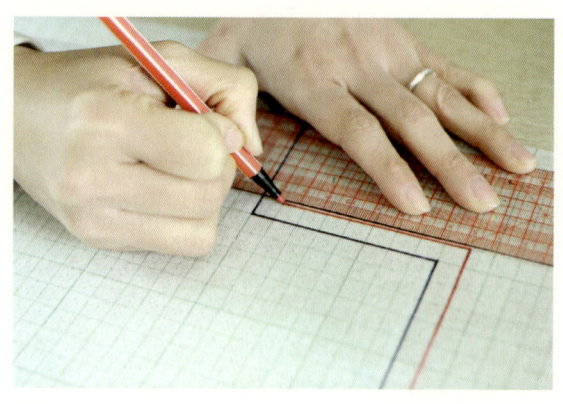

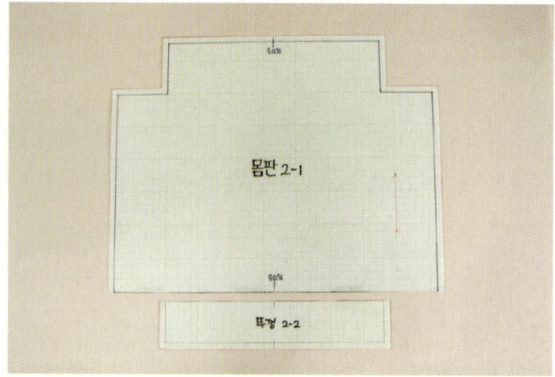

01

도안을 그린다.

2 겉감 재단과 솜심지 부착

01

가재단 된 겉감과 하드심지의 안끼리 마주대고 붙인다.

02

도안을 대고 재단한다.

03

하드심지를 붙인 겉감을 재단한 모습. 포인트로
다른 무늬의 원단을 덧대고 싶을 때에는 포인
트 원단에 실크심지를 붙인 후, 원하는 사이즈
로 재단한다.

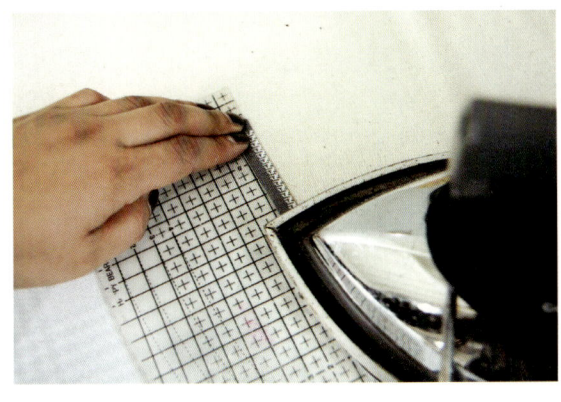

04

포인트 원단의 입구부분을 제외한 3면을 시접 1cm
로 접어 다린다.

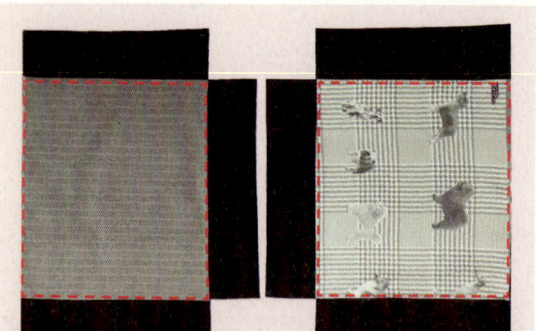

05

접어다린 부분을 겉감위에 임시고정 한 후, 시접 0.2cm로 상침한다.

06

하드심지를 붙여 재단한 몸판과 '완성사이즈'로 재단한 4온스 접착 솜심지를 안끼리 마주대로 붙인다. 접착된 솜심지의 테두리가 떨어지지 않도록 솜고정용 접착테이프를 다림질로 붙여 한번 더 고정시킨다.

07

겉감의 몸판 2장에 솜심지를 솜고정용 접착테이프로 고정한 모습.

3 지퍼가 달린
   입구 덮개 만들기

01

입구 덮개용 겉감을 2장 재단한다. 지퍼마감이 된
지퍼(50cm)를 준비한다.

02

속주머니의 제작방법과 같이 3면을 오버록하고
시접 1cm로 접어 다린다.
〈속주머니 만드는 방법 p.135 참고〉

03

지퍼를 다린 후, 반으로 접어서 중심점을 초크
로 표시한다.

04

같은 방법으로 입구 덮개의 한쪽을 반으로 접은 후,
중심점을 초크로 표시한다.

05

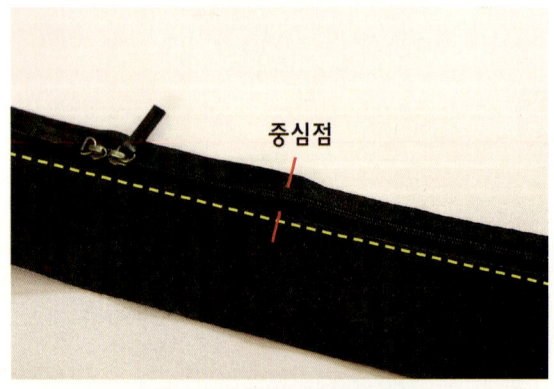

중심점

표시된 두 중심점을 맞추어 사진과 같이 시접 0.2cm
로 상침한다.

06

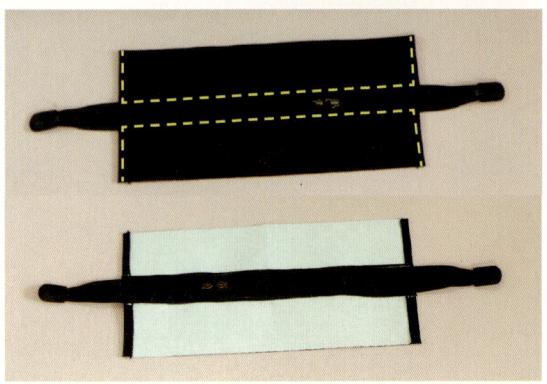

완성된 입구덮개 안팎의 모습.

4 안감 재단과
속가방 만들기

01

겉감과 같은 방법으로 안감을 재단한다(몸판 2장).

02

몸판용 안감 2장과 바닥용 안감 1장, 속주머니를 재단한 모습. 〈속주머니 만드는 방법 p.135〉

03

안감과 속주머니를 각각 반으로 접어 중심점을 표시한다. 안감의 겉쪽 중앙에 속주머니를 임시 고정 한 후, 입구부분을 제외하고 'ㄷ'자형으로 시접 0.2cm로 상침하며, 속주머니 입구의 모서리는 삼각형으로 튼튼하게 박는다.
〈안감에 속주머니 다는 방법 p.173 참고〉

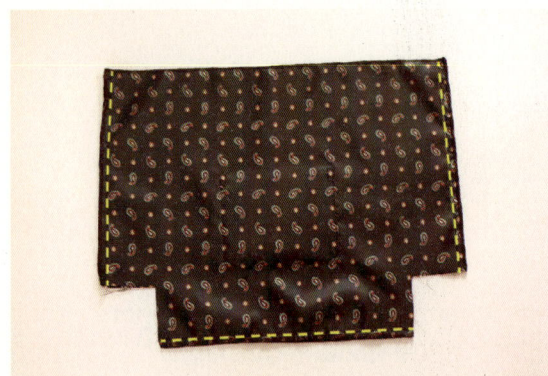

04

속주머니가 달린 안감을 겉끼리 마주대고 옆선
과 바닥중심선을 각각 시접 1cm로 박는다. 올
이 쉽게 풀리는 원단이라면 시접을 오버록 한다.

05

 옆선과 바닥중심선을 맞춘 후 바닥의 모서리부분
을 시접 1cm로 박는다. 이때 각각의 시접은 가름솔
로 처리한다. 올이 쉽게 풀리는 원단이라면 시접을
오버록 한다.

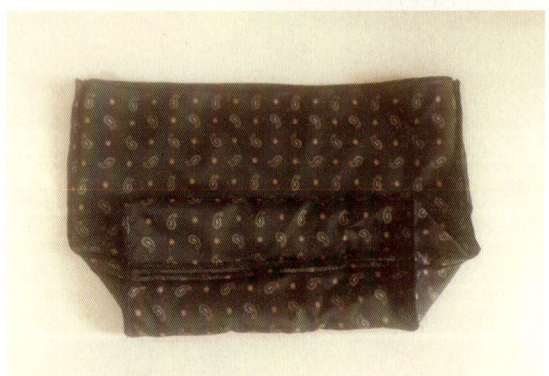

06

안감으로 만든 속가방.

5 겉가방 만들기

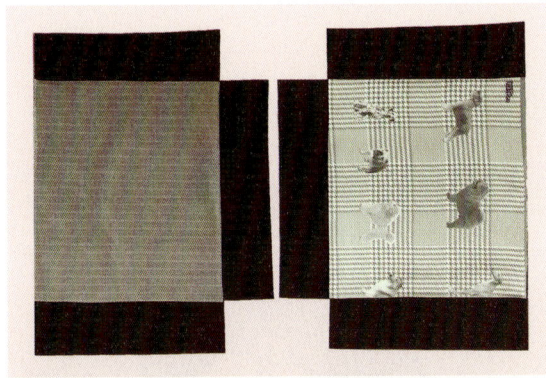

01

4온스 솜심지를 부착한 겉감과 바닥용 가방발 4개를 준비한다.

02

몸판과 연결될 바느질선을 고려하여 가방발이 달릴 4군데를 표시한다. 'ㅡ'자용 실뜯개를 이용하여 표시된 위치를 컷팅한 후, 가방발을 맞추어 끼운다.

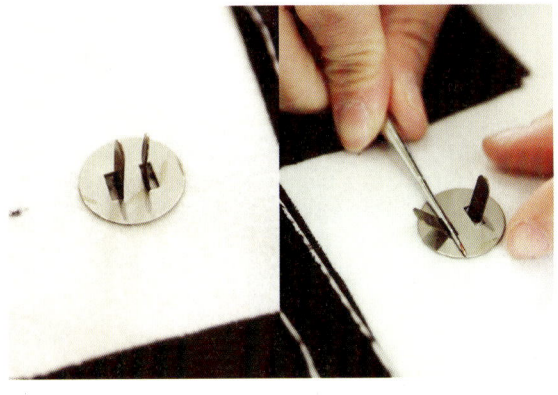

03

가방발이 잘 고정되도록 맞추어 끝까지 끼운 후, 송곳을 이용하여 평평하게 벌린다.
〈가방발 다는 방법 p.174 참고〉

04

가방발 4개를 모두 꽂은 후, 겉끼리 마주대고 옆
선과 바닥중심선을 각각 시접 1cm로 박는다.

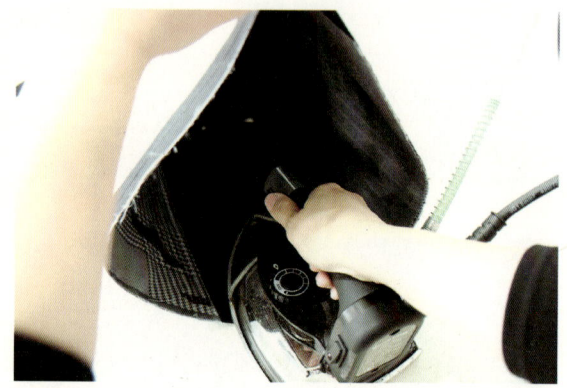

05

옆선과 바닥중심선의 시접을 가름솔로 처리하여 안
팎에서 다린다.

06

옆선과 바닥중심선을 맞추어 임시고정한다.

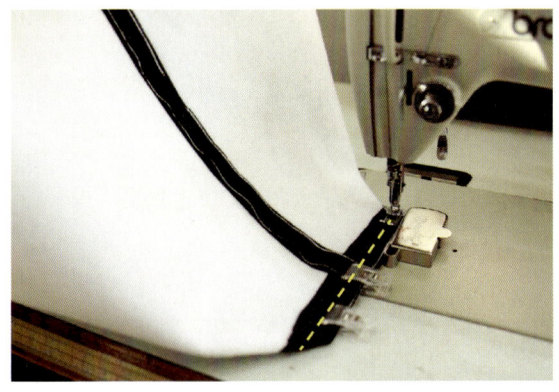

07

옆선과 바닥중심선을 맞춘 후 바닥의 모서리부분을 시접 1cm로 튼튼하게 박는다. 이때 각각의 시접은 가름솔로 처리한다.

08

완성된 겉가방의 안쪽 모습.

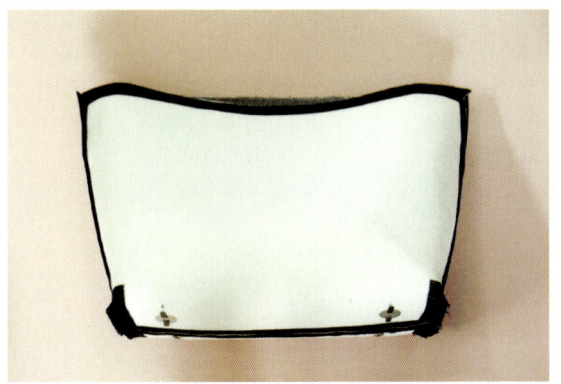

09

겉면이 보이도록 뒤집어서 다시 다린다.

6 손잡이 달기

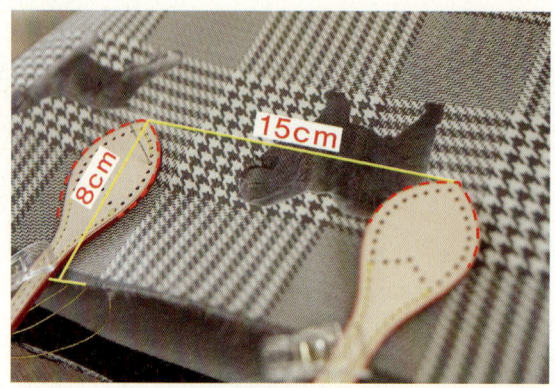

01

쇼퍼백용 가죽 손잡이를 손바느질(온박음질)한
다.

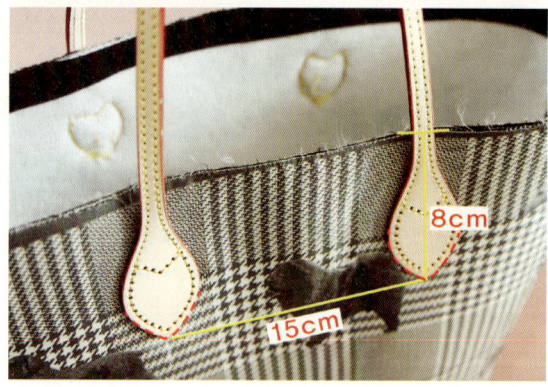

02

같은 방법으로 손잡이 4군데를 모두 손바느질(온박
음질)한다.

03

숄더백 겸용으로 사용하고 싶을 때에는 어깨끈을
연결할 수 있는 부자재를 추가로 양쪽 옆선위에
손바느질(온박음질)한다.

04

플라스틱 가방밑판을 바닥 사이즈에 맞게 잘라 넣는다.

top tip

속가방과 겉가방을 연결하기 전에 손잡이와 장식용부자재를 미리 달아주면, 가방을 완성 한 후에 손바느질한 모습이 안감 속으로 감춰지기 때문에 겉에서 보이지 않아 깔끔해요.

05

손잡이와 장식용 부자재를 단 겉가방.

7 안팎 연결하기

01

준비된 겉가방 안에 〈4-06〉에서 만든 안가방을 속주머니가 보이도록 넣고, 양쪽 옆선부터 시침핀으로 임시고정한다.

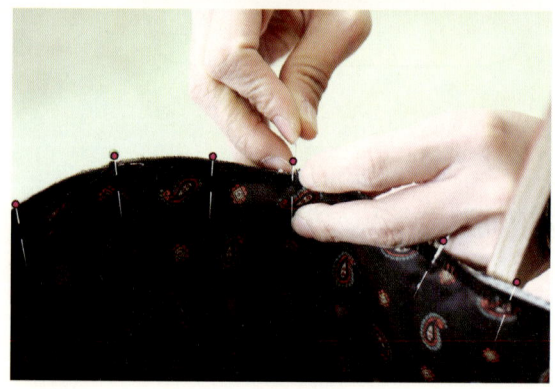

02

양쪽 옆선부터 맞추어 시침핀을 꽂고, 손잡이 가운데에 꽂은 후, 사이사이 시침핀을 꽂는다. 지그재그로 박거나 시침질을 해도 좋다.

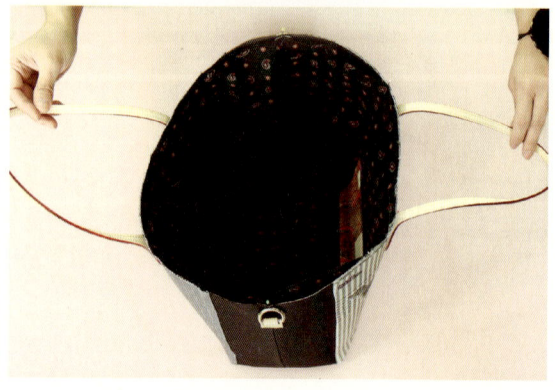

03

겉가방과 속가방을 시침핀으로 임시 연결한 모습.

top tip

완성된 후에는 옆선의 연결부분이 가장 잘 보이므로, 속가방이 겉가방보다 크다면 옆선을 먼저 맞추고, 가운데 부분에서 주름을 잡아 크기를 맞춰줍니다. 가운데 부분은 입구덮개로 가려지기 때문에 잘 보이지 않아요. 만약 속가방이 겉가방보다 작다면, 속가방을 다시 만들어야 해요.

04

옆선을 포개어 반으로 접어 가방 입구의 중심점을
초크로 표시한다.

top tip

가방을 만드는 과정 중 봉제방법이나 원단의
두께에 따라 처음 그린 도안과 사이즈가 달
라질 수 있으므로, 만들어진 가방을 반으로 접
어 다시 중심점을 표시합니다.

05

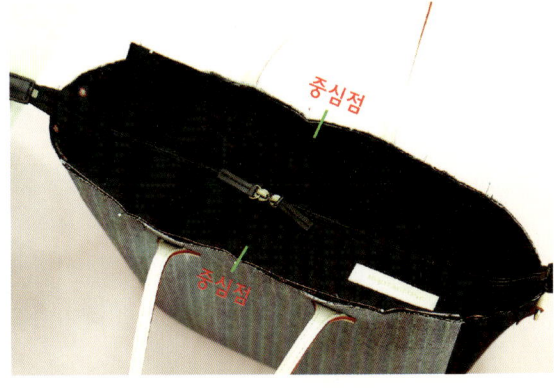

〈3-06〉에서 만든 입구덮개의 중심점과 가방 입구
에 표시된 중심점을 맞추어 시침핀이나 시침질로
임시 고정한다.

06

입구덮개를 가방입구에 시침질한다. 이때 너무 두
꺼운 시침실을 사용하면 바이어스테두리로 마감처
리하기가 어려우니 겉감과 동일한 색상의 일반봉제
사를 사용한다.

01

가죽바이어스 테이프를 이용하여 입구를 손바느질로 마감처리한다. 사진과 같이 옆선부터 시작하여 '온박음질'한다.

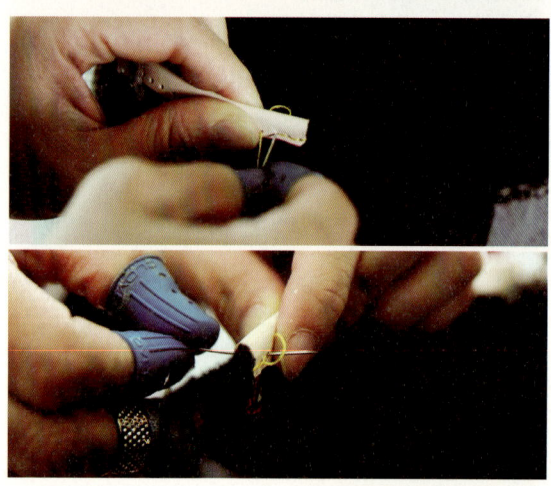

02

'온박음질'을 하면서 뒷부분의 실을 사진과 같이 살짝 남기면서 같은 방향으로(실이 바늘위로 오도록) 계속 일정하게 빼면 뒷모습도 깔끔하다.

03

가죽 바이어스 테이프를 '온박음질'한 겉면.

04

가죽 바이어스 테이프를 '온박음질'한 안쪽 모습.

top tip

가죽 바이어스 테이프를 온박음질하면서 실의 매듭은 겉에서 보이지 않게 가죽 바이어스 테이프 안쪽으로 들어가도록 작업합니다.

05

다른 쪽의 옆선 위에서 가죽 바이어스 테이프를 마감한다. 마지막 한 땀은 한 번 더 겹쳐서 튼튼하게 바느질한다.

06

어깨끈을 연결해서 숄더백 겸용으로 사용한다.

응용작

2014 제44회 대한민국 공예품대전 특선수상작 외

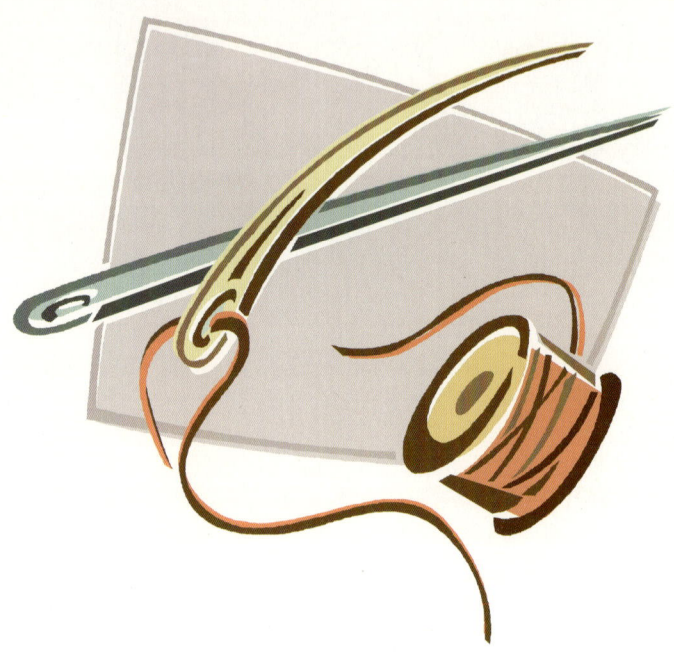

index

ㄱ

ㄴ

ㄷ

ㄹ

ㅁ

탐나는 페브릭 가방

펴낸날 2015년 3월 31일

지은이 이지원
펴낸이 주계수 | **편집책임** 윤정현 | **꾸민이** 이지원

펴낸곳 밥북 | **출판등록** 제 2014-000085 호
주소 서울시 마포구 월드컵북로 1길 30 동보빌딩 301호
전화 02-6925-0370 | **팩스** 02-6925-0380
홈페이지 www.bobbook.co.kr | **이메일** book@bobbook.co.kr

© 이지원, 2015.
ISBN 979-11-85913-44-5 (13590)

* 부자재 구입처

헤리티지원	*http://www.heritage-one.co.kr*
NCC쇼핑몰	*http://nccmising.com*
심플소잉	*http://www.simplesewing.co.kr*
패션스타트	*http://www.fashionstart.net*